U1008106

共和国科学拓荒者传记系列

钱学森传

Qian Xuesen Zhuan

叶永烈 / 著

中国青年出版社

图书在版编目（CIP）数据

钱学森传 / 叶永烈著 .— 北京：中国青年出版社，2014.11（2025.4 重印）
（共和国科学拓荒者传记系列 / 伍献军主编）
ISBN 978-7-5153-2932-1

Ⅰ . ①钱… Ⅱ . ①叶… Ⅲ . ①钱学森（1911 ～ 2009）—传记
Ⅳ . ① K826.16

中国版本图书馆 CIP 数据核字（2014）第 268355 号

原版责任编辑：方小玉
本版责任编辑：彭岩
书籍设计：刘凛　刘黎立
出版发行：中国青年出版社
社　　址：北京市东城区东四十二条 21 号
网　　址：www.cyp.com.cn
编辑中心：010 – 57350407
营销中心：010 – 57350370
经　　销：新华书店
印　　刷：三河市君旺印务有限公司
规　　格：710 mm × 1000mm　1/16
印　　张：21.5
字　　数：210 千字
插　　页：2
版　　次：2015 年 2 月北京第 1 版
印　　次：2025 年 4 月河北第 29 次印刷
定　　价：36.00 元

如有印装质量问题，请凭购书发票与质检部联系调换
联系电话： 010 – 57350337

目 录

开头的故事

从一辆天蓝色的轿车说起

1957年，当聂荣臻元帅送别一位客人经过窗口时，大门外停着的一辆天蓝色新车引起他的注意。

客人刚走，聂荣臻元帅就把秘书范济生找来，问道："那辆天蓝色的轿车，是谁的车子？"

范济生马上回答说："钱学森的车子呀！"

钱学森，就是刚才前来向聂荣臻元帅汇报工作的客人。当时钱学森刚刚担任国防部第五研究院院长。国防部第五研究院，其实也就是火箭研究院，只是为了对外保密，所以叫第五研究院。聂荣臻元帅主管国防科学的研究工作，是钱学森的"顶头上司"。

钱学森原本没有专车，外出时乘坐单位的公用轿车。国防部第五研究院总共只有两三辆公用轿车，常常不够用。为了钱学森工作的方便，聂荣臻元帅指示给钱学森配备一辆专用轿车，要秘书范济生落实这一任务。

范济生到中国人民解放军总后勤部为钱学森挑选轿车，一眼就看中那辆刚从美国进口的造型别致的天蓝色轿车。范济生以为，钱学森是不久前从美国回国的大科学家，一定会很喜欢这辆新颖的轿车。

范济生满以为聂荣臻元帅会表扬他几句，谁知聂荣臻元帅命令他立即为钱学森换车，换一辆黑色的轿车。

大约是早年在香港、天津、上海做过地下工作的缘故，聂荣臻是一个眼光敏锐而又非常细心的人。当时的北京，绝大部分轿车是黑色的，只有两辆这样的天蓝色轿车。聂帅说，天蓝色轿车太显眼，我们一定要注意保护钱学森的安全。一旦别人知道钱学森的专车是天蓝色的，就很容易掌握钱学森的行踪。范济生恍然大悟，马上为钱学森换了一辆黑色的轿车。

自从1955年10月8日钱学森从美国回到祖国之后，有关部门就非常注意保护钱学森的安全，安排专人陪同、专车接送。

钱学森回国之后，先到上海，看望久违的父亲。

为了便于钱学森回家，陪同的中国科学院代表朱兆祥特地安排钱学森一家住在父亲钱均夫家附近的宾馆。钱学森一家，步行几分钟，就可以到家与父亲团聚。

刚回到宾馆，钱学森就接到安保提醒电话：“钱先生，请坐车，务请注意安全。”

不言而喻，刚刚回国的钱学森，受到有关部门的严密保护。即便是这几分钟的路，也请钱学森务必乘坐为他提供的专车，以保障他的安全。

到了北京之后，钱学森一家被安排住在天安门广场旁的北京饭店。钱学森在北京长大，是一位“老北京”，对北京熟门熟路。北京饭店离王府井的东安市场仅一箭之遥，钱学森带着全家步行去逛东安市场。

当钱学森回到北京饭店，又接到电话：“钱先生，请坐车，务请注意安全。”

为什么钱学森受到如此严密的保护？

聂荣臻元帅的女儿聂力曾经回忆说，钱学森刚回国的时候，周恩来总理就曾嘱咐过聂荣臻元帅：“要好好待钱学森，科学家是我们国家的精华，他是科学家的一个代表。”

周恩来总理是从中国政府的角度高度重视钱学森的。

其实，美国人也同样高度重视钱学森。美国国防部海军次长丹·金贝尔就曾经这样说：“无论如何都不能让钱学森回国。他太有价值了，抵得上三到五个师的兵力！”

正因为这样，钱学森回国之后，受到毛泽东主席接见。毛泽东主席伸出五个手指头，对钱学森说，听说美国人把你当成五个师呢！我看呀，对于我们来说，你比五个师的力量大得多。

一个师有一万多人。也就是说，钱学森一个人，比五六万人的力量都大！

谁都爱听故事。

这本书讲的是大科学家钱学森的故事。

钱学森的故事很多，也很有趣。

容我细细道来……

钱学森是什么样的科学家

在讲述钱学森的故事之前，先要“开宗明义”，讲一讲钱学森是什么样的科学家。

牛顿是什么科学家？答：物理学家。

门捷列夫是什么科学家？答：化学家。

华罗庚是什么科学家？答：数学家。

钱学森是什么科学家？答：？

我问过很多年轻的朋友，他们一时竟答不上来，只能笼统地回答说：“钱学森是大科学家”“钱学森是著名科学家”。

也有人回答细致些，说：“‘两弹一星’科学家。”

我追问：“‘两弹一星’是什么？”

有人说：“原子弹，氢弹，人造卫星。”

其实，“两弹一星”中的“一星”，准确地说是“人造地球卫星”，而“两弹”最初是指“原子弹和导弹”。后来“两弹”中的一个“弹”，包含“原子弹和氢弹”，另一个“弹”则仍是指“导弹”。

钱学森是中国首屈一指的火箭专家、导弹专家。

1999年中共中央、国务院、中央军委授予钱学森“两弹一星”功勋奖章

就连“导弹”这一中译名，也是钱学森首创的。

导弹最初的中译名有三个：一个叫“火箭武器”，一个叫“可控火箭”，还有一个叫“飞弹”。

钱学森细细考究起来：“火箭武器”显得太笼统；“可控火箭”只是说明可以控制飞行中的火箭，并没有说明火箭上装有弹头

（爆炸物）；“飞弹”则只说明那“弹”会“飞”而已，并没有表达可控的意思。

钱学森首创“导弹”一词。“导弹”这两个字说明了两层含义，既表达了可以遥控、可以引“导”的意思，又表明是一枚炸“弹”。

钱学森对于科学名词的中译名总是反复推敲，相当严谨。钱学森所译的“导弹”一词，已经被大家普遍接受，只有海外的华人有时仍用“飞弹”一词。

钱学森是中国火箭、导弹事业的奠基人。火箭是“大力士”，不仅是导弹的基础，而且这位“大力士”能把人造地球卫星、飞船、航天飞机送上太空。所以火箭技术非常重要。

2009年国庆60周年阅兵式上，那隆隆驶过天安门广场的威武的中国人民解放军“二炮”部队的各式导弹（包括核导弹），从某种意义上讲，就是钱学森的“作品展示会”。“二炮”部队，实际上就是导弹部队，也就是现在的火箭军。

导弹，是当今最重要的现代化战争武器：导弹有“导”，能够精确打击目标；导弹能“飞”，能够远距离打击目标；导弹有“弹”，甚至有核弹，具备强大的杀伤力。正因为这样，导弹能够“稳、准、狠”地打击敌人。

没有强大的导弹部队，就没有当代中国的大国地位。正因为这样，钱学森的贡献，岂止是五个师！

新中国拥有一支“两弹一星”的优秀科学家团队。在这个团队之中，钱学森是“抓总的”，是全盘的运筹者，是首席科学家。

钱学森身兼两院院士——中国科学院院士、中国工程院院士。他不仅是中国火箭、导弹事业的拓荒者和奠基人，而且是中国航天事业的拓荒者和奠基人。

“航天”一词，也是钱学森首创的。在钱学森提出“航天”一词之前，中国媒体普遍采用的是“宇航”一词。

1979年2月23日，我在上海访问钱学森时，他这样加以说明：人类在地球大气层之内的飞行，叫作“航空”；在地球大气层之外的飞行称为“航天”。他最初是从毛泽东主席的诗句“巡天遥看一千河”中得到的启示。

他还首创了“航宇”一词，亦即“星际航行”，他在《星际航行概论》一书中详尽地论述了行星之间以至恒星之间的飞行。

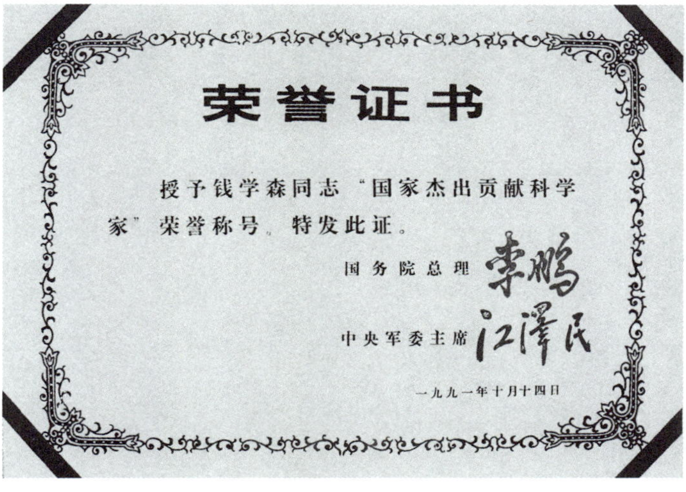

1991年国务院、中央军委授予钱学森国家杰出贡献科学家荣誉称号

如今，如果说“航宇”一词对于普通百姓还有点陌生的话，“航天”一词已经被中国官方作为正式名词，例如中国政府的相关部门叫航天部、航天局，而不叫宇航部、宇航局。中国媒体大都采用“航天员”这一名词，也有人叫惯“宇航员”。

对于钱学森，除了称之为中国火箭、导弹、航天事业的拓荒者和奠基人，“两弹一星”功勋科学家，也有人从狭义的专业角度称钱学森为“空气动力学家”——这是因为钱学森在美国最初所从事的研究专业是空气动力学，他在这一领域发表了许多重要论文。

还有人从宏观的角度，称钱学森为“战略科学家”“百科全书式的科学家”，甚至称之为“红色科学家”。

钱学森到底是什么样的科学家？

你不妨尝试着作出自己的回答。

第一章

早年的故事

钱学森名字的来历

你知道钱学森这一名字的来历吗?

这里就按照“钱”—“学”—“森”的顺序，向你逐字道来:

先说“钱”。钱学森1911年12月11日生于上海，却是浙江杭州人氏。

在中国的《百家姓》中，第一句就是“赵钱孙李”，钱姓排名第二，是中国的大姓。不过，对于杭州而言，钱姓有着特殊的意义。

在西湖的柳浪闻莺公园东北方向，有一座钱王祠，相传那里原是吴越王钱镠的故居，后人建祠以纪念他。

钱王祠

钱镠，五代十国人，字具美，浙江临安人，谥武肃。21岁从军，骁勇多谋。公元887年任杭越管内都指挥使、杭州刺史。907年被梁朝廷晋封为吴越国国王，人称“钱王”。钱镠创建了一郡十三州的吴越国（今浙江省和江苏、福建部分地区）。他重视农桑，修筑河塘，开拓海运，发展商贸，使吴越国富甲江南，奠定了杭州作为“人间天堂”“丝绸之府”的基础。

钱王家训告诫子孙：“爱子莫如教子，教子读书是第一义。”在钱氏子孙之中人才辈出，宰相、翰林比比皆是。在现当代钱王后裔之中，有著名学者钱穆、钱锺书、钱玄同，外交家钱其琛，水利专家钱正英，书画家钱君匋，曾任“台湾‘监察院院长’”的钱复，等等。

满周岁的钱学森与父亲的合影

两周岁的钱学森与母亲的合影

钱学森、钱伟长、钱三强亦为钱王后裔，人称“三钱”。“三钱”皆为中国科学院院士，钱伟长是著名力学家，钱三强是著名核物理学家。有趣的是，在“三钱”之中，钱学森生于1911年，钱伟长生于1912年，而钱三强生于1913年，这“三钱”正好在连续三年中出生。

钱学森之父钱均夫是钱镠的第三十二世孙。钱均夫曾说：“我们钱氏家族代代克勤克俭，对子孙要求极严，或许是受祖先家训的影响吧！”

钱家是杭州“华丽家族”。钱家世代在杭州经营丝业，乃丝行大亨。钱学森的曾祖父钱继祖经营有方，丝行生意兴隆。当年杭州一带蚕丝上市的时候，由钱家丝行定价，别的丝行依照

钱学森（左一）和父亲（左二）、母亲（左三）、祖母（左四）以及女佣在杭州方谷园（陈天山提供）

钱家丝行的定价收购蚕丝。

钱学森母亲章兰娟家，也富甲一方。如今在杭州方谷园的2号门口挂着“钱学森故居”的牌子，这座钱家大院横向面阔三间，纵向进深三楹，总占地面积为899平方米，总建筑面积为802平方米，是作为钱学森母亲章兰娟的陪嫁，“带”到钱家来的。

再说“学”。

“学”是辈分。

钱家按照“继承家学，永守箴规”八字论辈取名。

钱均夫名家治，字均夫，属于“家”字辈。

钱学森是“学”字辈。

钱学森的儿子取名钱永刚，是“永”字辈。

“森”是名。

钱均夫为儿子取名时，沿用“木”字旁，因为他的同辈堂兄弟，除了都用“学”字之外，名字中另一字都用“木”字旁，诸如钱学榘、钱学梁、钱棠（钱棠按辈分应名钱学棠，因其母亲名字中有“学”字，为避讳取单名钱棠）。钱均夫最初曾打算用双木——“林”字，为儿子取名钱学林；后来索性再加一木——“森”，更加蓊郁葱茏，充分体现繁茂之意。

另外，“学森”的谐音是“学深”，有学问深远之意。

顺便说一件趣事。钱学森的签名有时候看上去像“化学系”，后来他从事“两弹一星”工作时，为了保密，有人就以“化学系”作为钱学森的代号。

坐“洋包车”到“蒙养院”

钱学森虽然是杭州人，却讲一口“京腔”——北京话。那是因为在1914年年初，三岁的钱学森随父母来到北京，从此在北京长大。

钱学森来到北京不久，就被送进了“蒙养院”。

对于今日的读者而言，“蒙养院”是一个陌生的名字。其实，蒙养院就是幼儿园。在“民国”十一年（1922）以前，幼儿园叫“蒙养院”。“民国”十一年一月二日，总统黎元洪颁布《学校系统改革案》，蒙养院改称“幼稚园”。1949年后，在中国大陆，幼稚园改称幼儿园，而在台湾仍称幼稚园。

清末光绪三十一年（1905）9月24日，清政府派出端方、载泽、戴洪慈、徐世昌、绍英五大臣出使西方考察。端方在归来之后，认为“东西各国之富强莫非发源于教育”，而教育要从小抓起，故仿照西方在中国创办蒙养院。所谓“蒙养”，即“蒙以养正”，就是从小就“正本慎始”。

当时，蒙养院在北京还是“稀有元素”。能够把孩子送进蒙养院进行启蒙学习的，差不多都是达官富贾。钱家当时包了一辆“洋包车”（老舍笔下的骆驼祥子拉的人力车），由女佣陪同，接送钱学森到宣武门蒙养院。

常言道，“三岁看老”。三岁时的启蒙教育，关系到此后的整个人生。那时候，在蒙养院里，孩子在“修身话”中接受做人之道的教育，在“行仪”中学习行为举止，在“读方”中识字，在“数方”中学习数数和加减，在“手技”中搭积木，在“乐歌”中初习歌舞，在“游戏”中活泼成长……

手帕胡同里的纸飞镖

1917年9月，不满六岁的钱学森在父亲的陪同下，来到离家不远的小学就读。

那时从教育部街往西，不远处有一条细长的胡同，叫作手帕胡同。手帕是形容其小。北京有好几条手帕胡同，为了区别

上小学时的钱学森

起见，这条手帕胡同由于邻近西单，通常被叫作西单手帕胡同。在手帕胡同34号（今18号）有一所小学，当年门口挂着“国立北京女子高等师范学校附属小学校”的牌子。

通常，师范院校的附属中小学，都是教育质量上乘的学校，因为师范院校是培养教师的基地，而师范院校附属中小学正是师范院校进行教学实践的基地，所以师资优秀而充沛。钱学森的父亲在教育部任中小学科科长，当然深知其中的道理，所以钱学森不论是小学还是中学，都在师范院校附属学校就学，而且钱学森所读的学校，都是“名牌学校”，是当时北京乃至全国第一流的学校。

钱学森是当年班上年龄最小的学生。在这个小学校如今仍在流传关于纸飞镖的故事：钱学森和同学一起玩纸飞镖，每次总是钱学森的纸飞镖扔得最远。同学们很奇怪，向钱学森请教。钱学森说出了其中的窍门：“飞镖要折得有棱有角，非常规正，这样投起来空气的阻力小。”

在北京上小学的钱学森

这个故事被人们引申为钱学森小小年纪就已经懂得“空气动力学”的常识，难怪他后来成为空气动力学家。这样的引申虽说有点牵强，不过钱学森从小就爱动脑筋，这倒是确确实实的。

当年小学的学制是三年初小，三年高小。在国立北京女子高等师范学校附属小学校念完初小三年，九岁的钱学森在1920年转校到国立北京高等师范学校附属小学校，从宣武门内转到了宣武门外。

国立北京高等师范学校附属小学校是当时北京最气派、最漂亮的小学。钱学森进入这所北京最好的高小，在这里度过了三年的小学时光。

那里的学生后来回忆：

“每天下午课后放学前，轮流值日做大扫除，翻椅挪桌，水擦地板，就这样培养我们从小讲卫生爱清洁的好习惯。”

“劳作教室是专供男孩子用的，备有齐全的工具和工作台。当时我们学过用竹子做筷子、餐刀和汤匙。女孩子的劳作课则是在后院东边的小楼上进行。她们在那里学过缝纫和烹饪，曾经试做过‘萨其马’和糖葫芦。”

钱学森依然乘坐“洋包车”上下学。不过，这时的钱学森比上蒙养院的时候要顽皮，在车上不时左顾右盼，有时趴在车上从后面的车窗朝外看，有时朝路人做鬼脸。不过，到了学校，钱学森在课堂里却是聚精会神，他的成绩总是名列前茅。

进入高小的钱学森，渐渐懂事。他后来回忆说：

1921年北京高等师范附属小学校的毕业合影

> 记得我在师大附小读书时，级主任于士俭老师教我们书法课。小学生可以按照自己的爱好，选择颜真卿、柳公权、欧阳修、赵孟頫等人的字帖临写。老师如果看学生写得不太好，就坐下来，照着字帖一笔一画地教。他写什么体的字，就极像什么体的字，书法非常好，使你不得不喜爱书法艺术。

在这所学校培养的学生中，有后来成为外交部部长的吴学谦，有最高人民检察院检察长任建新，中国科学院院士马大猷，中国科学院、中国工程院院士张维，著名作家林海音等。

值得一提的是，当时邓颖超也在该校教书，虽然当时邓颖超并没有教过钱学森。邓颖超1920年毕业于直隶女师（河北师大的前身），同年 8 月18日，她到国立北京高等师范学校附属小学任教，是附小第一位女教师。1922年夏，邓颖超离开北京高等师范学校附属小学，应天津达仁女校校长马千里之聘到女校任教。

由于有着师生之谊，钱学森后来见到邓颖超，总是称之为“邓老师”。

1991年10月16日，80岁的钱学森荣获“国家杰出贡献科学家”荣誉称号，87岁高龄的“邓老师”致函祝贺。

名师出高徒

1923年至1929年，钱学森就读于国立北京师范大学附属中学，它在国立北京高等师范学校附属小学校北面，与之只有一墙之隔。

这是北京响当当的名牌中学，历史悠久，名师云集，人才辈出。钱学森曾亲笔写下一份珍贵文件，回忆在他的一生中给予他深刻影响的人，总共十七位：

1．父亲钱家治——写文言文

2．母亲章兰娟——爱花草

3．小学老师于士俭——广泛求知，写字

4．中学老师

董鲁安（于力）——国文，思想革命

俞君适——生物学

高希舜——绘画、美术、音乐

李士博——矿物学（十级硬度）

王鹤清——化学（原子价）

傅仲孙——几何（数学理论）

林砺儒——伦理学（社会发展）

5．大学老师

钟兆琳——电机工程（理论与实际）

陈石英——热力学（理论与实际）

6．预备留美　王助——经验设计

7．留美　The odore von Karman（引者注：即冯·卡门）

8．归国后　毛泽东、周恩来、聂荣臻

父母对于钱学森的影响，当然深刻。

钱学森归国之后，毛泽东主席、周恩来总理、聂荣臻元帅给予钱学森的影响，也是深刻的。

除了父母和新中国的领袖总共五位之外，其余十二人都是钱学森的老师。

名牌学校的魅力，很大程度上倚仗于名师的魅力。钱学森把他留学美国时的导师冯·卡门列入名单，是理所当然的。冯·卡门是美国科学名师，有口皆碑。

除了博士生导师冯·卡门之外，列入钱学森所写的名单之中，有小学老师一位，大学老师三位，然而值得注意的是，中学老师占了七位！这七位中学老师，全部集中在一所学校——北京师范大学附属中学。

对于钱学森来说，在北京师范大学附属中学度过的六年，是永远难忘的。

据传有这么一个故事：林砺儒虽然是钱学森所在学校的校长，却不是他的任课老师。为此，钱学森的父亲特地找到林校长，请他辅导自己的儿子。林校长并没有答应下来，而是出了几道题，要考考钱学森。两个大人正在聊天，却发现钱学森到外面玩去了，而他的答卷放在桌上。林砺儒看了钱学森的答卷，非常满意，于是收下了这个学生，教授他伦理学。

林砺儒是当时的北京师大附中主任（相当于校长）。林先生早年曾经留学日本，从1922年至1930年担任北京师大附中主任，而钱学森在1923年至1929年就学于北京师大附中，从入学到毕业，都是在林砺儒先生执教之下学习，他对钱学森产生了深刻的影响。林砺儒力主教育改革，反对灌输式的死记硬背。新中国成立后林砺儒出任教育部副部长。

钱学森回忆说：

在那样一种艰难困苦的年代，办学真不是一件易事。但是国立北京师大附中当时的校长（那时称主任）林砺儒却把师大附中办成了一流的学校，真是了不起。

那个时期高中分一部、二部，一部是文科，二部是理科，我在理科。高中毕业时，理科课程已经学到我们现在

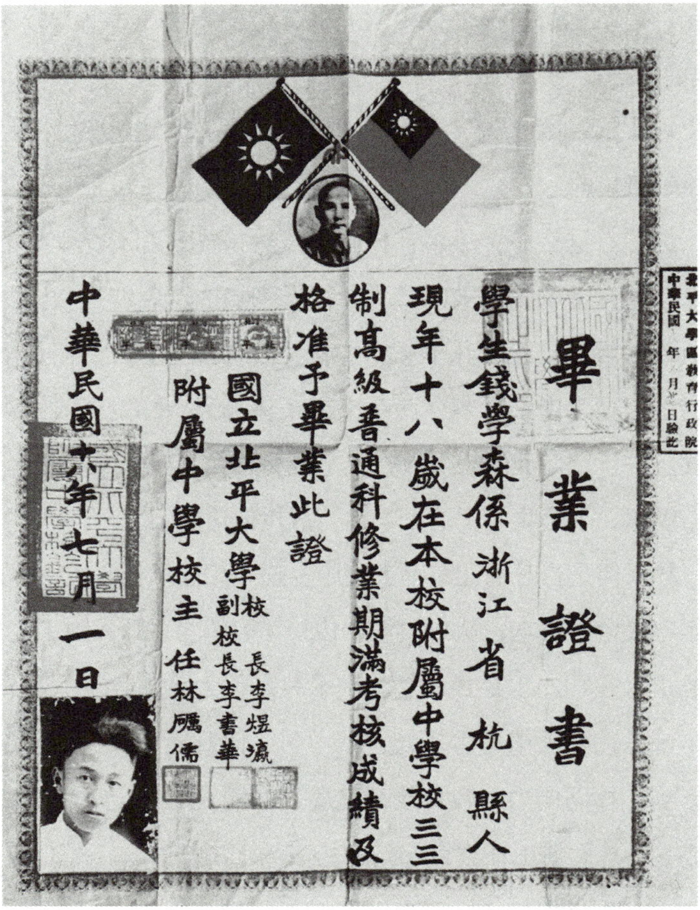
畢業證書
學生錢學森係浙江省杭縣人
現年十八歲在本校附屬中學校三三
制高級普通科修業期滿考核成績及
格准予畢業此證
國立北平大學
附屬中學校
校長 李煜瀛
副校長 李書華
主任 林礪儒
中華民國十八年七月一日
北平大學區教育行政院
中華民國　年　月　日驗訖

钱学森的中学毕业证书

大学的二年级了。所以，北京师大附中在那个时候办得那样好我是很怀念的。

我从1923年到1929年在国立北京师范大学附属中学①

① 当时国立北京师范大学与北平其他几所大学合称为国立北平大学，因而钱学森中学毕业证书上落款为国立北平大学附属中学。

念书。那个时代，在北京办学是非常困难的，但是，当时的校长林砺儒先生能把北京师范大学附属中学办成质量上乘的第一流学校，实在难能可贵。他实施了一套以提高学生智力为目标的教学方法，启发学生学习的兴趣和自觉性。当时我们临考都不开夜车，不死读书，能考八十多分就是好成绩，只求真正掌握和理解所学的知识。

我在读书时，没有死背书，看了许多书，但从不死读书，而是真正理解书。

国文老师董鲁安（即于力）、化学老师王鹤清、数学老师傅仲孙、生物老师俞谟（即俞君适）、美术老师高希舜等讲课都各有特色，给我中学时代的数、理、文等课程打下了良好的基础。

我们的美术老师高希舜（后来成为著名的国画大师），

1926年在北京师大附中读书时的钱学森

暑假里开办暑期绘画训练班，教画西洋画。父亲很支持我去，我买不起油彩就用水彩学画，也学画中国画，后来我画得还不错。国文老师是董鲁安，他思想进步，常在课堂上议论时弊，厌恶北洋军阀，欢迎国民革命军北伐，教我们读鲁迅的著作和中国古典文学作品。到了高中一年级时，我对用文言写文章小品特别感兴趣。我们的音乐老师也非常好。上课时，他用一部手摇的机械唱机（当时没有电唱机）放些唱片，教我们学唱中外名曲，欣赏各种乐曲，如贝多芬的第九交响曲等。后来，贝多芬憧憬世界大同的声响，一直在我心中激荡。

董鲁安老师上课幽默诙谐。张维（两院院士、清华大学副校长）曾回忆说："语文老师董鲁安先生是在20世纪20年代师大附中最为学生称道的老师之一。董先生给人们的印象是个乐观派、名士派，非常潇洒。他讲起书来慢条斯理，一板一眼。讲到精彩段落，时常忘我地坐在讲台椅子上自言自语。有时讲得出神，就给同学们讲述一些轶事甚至离题好远的趣闻。所以他的课深受学生们的欢迎。一次董先生上课走了题。林津同学在下边悄悄地议论：'又神聊啰！'董先生笑了笑，就回到课文正题。过了些天，讲课又走了题，董先生想起了林津的话，于是就问他：'林津，我是不是又神聊啦？'全班同学哄堂大笑。对这件事，同学们多年后再见面，还津津乐道。"

1942年的8月中旬，根据中共地下党组织的安排，董鲁安几经周折，抵达晋察冀解放区，受到聂荣臻将军的欢迎。董鲁安在《晋察冀日报》和延安《解放日报》上发表了长篇报告文学《人鬼杂居的北平市》（署名于力）。1949年9月30日董鲁安当选政协第一届全国委员会委员。新中国成立后，董鲁安任中央人民政府政务院人民监察委员会委员、河北省人民政府委员兼人民监察委员会主任等职。

几何课老师傅仲荪（钱学森写作“傅仲孙”）说：“公式公理，定义定理，是根据科学、根据逻辑推断出来的，在课堂如此，到外面如此；中国如此，全世界如此，即使到火星上也如此！”钱学森从此懂得科学的严谨放之四海而皆准。

化学课老师王鹤清开放化学实验室。你有兴趣做化学实验，随时都可以到那里去做。生物课俞君适（后来任江西南昌大学生物系教授）老师则带领同学们去野外采集标本，解剖蜻蜓、蚯蚓和青蛙。这两位老师培养了钱学森的动手能力。

图书是进步的阶梯。北京师大附中的图书馆，曾经给了钱学森莫大的帮助：

在（20世纪）20年代，我是北京师大附中的学生。当时学校有一个小图书馆，只有一间书库，但却是同学们经常去的地方。那间图书馆收藏有两类图书：一类是古典小说，像《西游记》《儒林外史》《三国演义》等。这类图书要有国文老师批准才能借阅。二是科学技术图书。我们自己可以借来看。记得初中三年级时，一天午餐后休息，同学们聚在一起闲聊，一位同学十分得意地说："你们知不知道20世纪有两位伟人，一个是爱因斯坦，一个是列宁。"大家听后茫然，便问他是怎么知道的。他说是从图书馆的一本书上看到的，爱因斯坦是科学伟人，列宁是革命伟人。但那时我们谁也不知道爱因斯坦是相对论的创始人，列宁是俄国的伟大革命家，更不知道还有马克思、恩格斯。但这次茶余饭后的闲谈却激起了我对科学伟人和革命伟人的崇敬。到高中一年级我就去图书馆找介绍相对论的书来看，

北京师范大学附中的钱学森塑像

虽不十分看得懂，但却知道了爱因斯坦的相对论概念和相对论理论是得到天文观测证实了的。

北京师范大学附中很注重外语教学，有的课程用英语授课，钱学森的英语基础就是那时候打下来的。到了高中二年级，钱学森还选修了第二外语德语。

“豆腐乳卤加稀饭”

如果说“豆腐乳卤加稀饭”曾经救了钱学森的命，你一定以为是天方夜谭。

其实真有这事儿。

话说钱学森从北京师大附中毕业之后，在1929年9月考取了位于上海的国立交通大学[①]机械工程学院，攻读铁道机械工程专业。如今，当人们称呼钱学森为中国“航天之父”“导弹之父”的时候，很少有人知道，钱学森当初是学铁道机械工程的。

钱学森是以总分第三名的成绩考取交通大学的。钱学森曾回忆说：

---

① 交通大学，1896年诞生于上海，当时叫南洋公学。1921年改名国立交通大学。1955年，交通大学部分西迁。1959年7月31日，经国务院批准，交通大学留沪部分，更名上海交通大学，迁西安的部分定名为西安交通大学。很多文章、著作称钱学森考取“上海交通大学”，这是不了解交通大学历史所造成的误解。

我从北京师范大学附属中学高中二部（理科）毕业后，于1929年夏考入交大机械工程学院。记得当录取名单在上海《申报》公布时，我在机械工程学院的名次是第三；第一名是钱钟韩，现在的南京理工大学名誉校长；第二名是俞调梅，现在的上海同济大学教授。不过他们二位后来都转入他院，只有我留在机械工程学院，于1934年毕业于机械工程学院铁道门（注：指专门化）。

钱钟韩，后来成了工程热物理和自动化专家，中国科学院技术科学部学部委员（即院士）；俞调梅，则成为同济大学教授，武汉长江大桥、上海宝山钢铁厂顾问。

钱学森就读期间交通大学校门

为了便于就近照料自己的独生子，钱学森的父亲居然辞去了在北京的教育部的公职，来到浙江省教育厅任职。这样，钱家从北平①迁回杭州，住在方谷园。每逢寒暑假，钱学森可以就近从上海回到杭州，跟父母、祖母团聚。

钱学森顺顺当当在交通大学念完了一年级。就在这年——1930年的暑假，钱学森回杭州，却意外地遭遇人生的第一场灾难。

那是钱学森即将度完暑假的时候，突然腹泻、头痛，高烧达39℃至40℃，皮肤上出现玫瑰疹斑。钱学森的体质向来不错，不大生病，而这次患病来势汹汹。父母急请医生诊治，断定钱学森染上伤寒。

祸不单行，钱学森的祖母也与钱学森同时发病。

伤寒是伤寒杆菌随污染的水或食物进入消化道而引起的。伤寒杆菌随血液流入肝、脾、胆囊、肾和骨髓后大量繁殖，产生大量体内毒素，使患者发高烧，严重的会造成肠道出血或穿孔，导致死亡。在当年，伤寒是相当严重的传染病。在19世纪50年代，土耳其、英国、法国、撒丁王国与俄国之间为争夺巴尔干半岛的控制权而发生的克里米亚战争中，双方总共阵亡50万将士，而其中因伤寒而死亡的士兵是因作战而死亡的9倍，达45万人！

西医治伤寒，首选的药物是具有广泛杀菌作用的抗生素青霉素。青霉素早年的译名为盘尼西林，是英国细菌学家弗莱明在1928年发明的，1944年才进入中国。所以在钱学森患伤寒的年月，西医对伤寒几乎束手无策。

---

① 由于蒋介石国民政府定都南京，于1928年6月20日起改北京市为北平市。

钱学森的父亲求助于中医。一位中医给钱学森开了一个偏方，即每日吃三顿豆腐乳卤加稀饭。钱学森遵医嘱连吃了三个月，伤寒病居然痊愈了！

这可能是由于“豆腐乳卤加稀饭”使饮食清淡而干净，止住腹泻，消除了高烧。

不过，这“豆腐乳卤加稀饭”并非万应灵丹。钱学森的祖母当时也如此这般治疗，却不治身亡。当然，这可能是因为钱学森年轻抵抗力强，而老祖母毕竟上了年纪。

钱学森后来回忆说：

> 我在上海读书时患了伤寒，请一位中医看，命是保住了，但是却留下了病根。那位中医没有办法去根，就介绍我去找铁路上的一个气功师调理，结果除了病根。练气功可以在屋里进行，很适合我，所以在美国时也没有中断。

钱学森对中医和气功产生浓厚的兴趣，就始于这场伤寒症。钱学森晚年仍每日坚持练气功。

虽然康复了，但是这场大病耽误了不少时间，使一向用功的他不得不暂时休学一年，在杭州养病。

绘画和音乐的“发烧友”

一位朋友听说钱学森喜欢画，打算买几幅画送他，心想钱学森对于这样的“雅礼”总会收下。正巧，在送画之前，他跟钱学森一起去参观一个画展。钱学森一边看画，一边随口对画作发表评论。那位朋友一听，钱学森对于绘画非常有见地，在绘画艺术方面的修养非同一般。回去之后，那位朋友打消了买画送钱学森的念头。因为他知道，他准备买的那几幅画，钱学森肯定看不上眼！

作为导弹专家，钱学森怎么会对绘画也那么在行呢？

常言道：“上有天堂，下有苏杭。”在杭州养病的那些日子里，钱学森在父母陪伴下，常去风光旖旎的西子湖畔漫步。绿柳拂面，轻波荡漾，人在湖畔，宛如画中。父亲钱均夫聘请了一位画家，教钱学森画国画。钱学森是个聪明人，很快就掌握了山水国画的技巧。钱学森对父母说：“在观察景物，运笔作画时，那景物都融会在我的心里。那时，什么事情都全部被忘掉了，心里干净极了。”

钱学森从此不仅喜欢绘画，而且懂得如何鉴赏画作。

后来，钱学森在交通大学临近毕业时，他所在的1934级的级徽以及校友通讯录的封面，都是他设计的。

钱学森对于音乐，更加在行。

1935年，钱学森因赴南京报考留美预备生，住在父亲钱均夫好友厉家祥家。厉家祥夫人毕业于国立上海音专钢琴科，常在家中弹钢琴。后来厉家祥的儿子回忆说：

女主人一曲弹完，钱学森才开口，说：“你弹的是Pour

Elise吧。”之后他就饶有兴致地与女主人聊起了音乐，从《致爱丽丝》乐句的处理、和声的色彩到他个人对不同严肃音乐的偏好和见解，再到西洋音乐家们的轶事掌故。钱学森谈兴甚浓，看得出他对音乐有着纯粹的热爱。那位女主人越聊越觉得吃惊。钱学森在论及音乐时不经意间引出的许多音乐家的掌故，连钢琴专业出身的她都还不知道，她当时的第一感觉就是，钱学森的谈话很有深度，很有见地，他对音乐也很有领悟力。

在休学养病期间，钱学森除了作画，还以音乐为友。

宋朝诗人林升的《题临安邸》，传诵一时：“山外青山楼外楼，西湖歌舞几时休？暖风熏得游人醉，直把杭州作汴州。”他的原意是讽刺南宋小朝廷赵构逃到江南，只求苟且偏安，不思收复中原失地。不过诗中这句“西湖歌舞”倒是道出杭州深厚的音乐、舞蹈底蕴。出身杭州豪门的钱学森，也有几许音乐细胞，尤爱吹奏圆号。

1932年11月16日《交大三日刊》（第218期）报道，由袁炳南同学筹备组织，本校管弦乐队已正式成立，聘请德国人C.Y.Van Heyst（冯·海斯特）为指导，每周二、四下午四时在音乐室练习，预定12月公演。在十一名乐队成员准备的曲目里，钱学森演奏的是Euphony（圆号）。海斯特当时是上海工部局乐队指挥。钱学森还学会演奏多种乐器。

据钱学森回忆，他是在同级同学林津的“动员”下加入交通大学铜管乐队的：

> 我在交大读了五年，因为在一年级与二年级之间的暑假快终了的时候我害了伤寒，康复时间长，只得休学一年。但休学一年对我也有好处，乘机看了些科学社会主义的书，对当时政府的所作所为知道了点底细，人生观上升了。于是再回到学校读三年级时，一到每星期一上午的“纪念周”就想逃，不愿恭听黎照寰校长的讲话。正好这时间同级的林津（也是北师大附中的）来动员我加入学校的铜管乐队，说在“纪念周”开始时乐队伴奏后就可以退席。我欣然从命，学吹中音喇叭。

据交通大学档案记载，1933年的《军乐队成员名单》《学生会管弦乐队成员名单》《雅歌诗社成员名单》《口琴会名单》里，都有钱学森的名字。

当时钱学森每天要花半小时练习圆号。他在班上成绩名列前茅，得到过一笔奖学金，第一反应就是赶紧到上海南京路去买俄罗斯作曲家格拉祖诺夫的《音乐会圆舞曲》唱片，足见他对音乐的痴迷。

1935年，24岁的钱学森在第四期《浙江青年》上发表了一篇题为《音乐与音乐的内容》的文章。一个理工科的大学生能够对音乐发表独特而深刻的见解，表明了他对音乐的喜爱和修养。

交通大学铜管乐队合影，前排左一为钱学森

后来，钱学森与女高音歌唱家蒋英结为百年之好，对于音乐的共同爱好使他们成为知音。1950年至1955年，钱学森在美国遭到软禁，他常常吹木箫，夫人蒋英弹吉他，两人在家一起演奏17世纪的古典室内乐，以排遣心中的无限郁闷。

经过一年的休养，1931年暑假结束之后，钱学森又回到了交通大学。

请求老师扣分

又是一个小故事。故事虽小，却折射出钱学森严格自律的可贵精神。

那是1980年，钱学森回到上海，来到母校交通大学，金悫（què）教授拿出一份珍藏了47年的“文物”，说起1933年的一段回忆。后来，金教授把这件“文物”捐赠给了上海交通大学档案馆永久收藏，而金教授讲述的故事在上海交通大学也传为佳话……

1933年，22岁的钱学森在国立交通大学机械工程学院铁道门读三年级，金悫教授讲授水力学。6月23日，进行水力学考试。按照当时交通大学的规矩，考试之后，老师在试卷上用红笔打上“√”或者“×”，然后在下一堂课发给学生，让学生校看，知道什么题答对、什么题答错。这试卷再还给老师，老师在试卷右上角的分数栏里用红笔写上分数。

钱学森一看金悫教授发下的试卷上，全部都打“√”，意味着这次稳拿100分。可是，钱学森细细一看，发现一个小小的错误：在一道公式推导的最后一步，把“Ns”写成了“N”。于是钱学森立即举手，说明自己的错误，主动请求老师扣分。金悫教授一看，果真如此，于是给了钱学森96分。

钱学森主动要求扣分，使金悫教授深为感动。金悫的“悫”的含义，就是“诚实谨慎”。金悫从小受到的家教就是“诚实谨慎”。正因为这样，他非常赞赏这位诚实的学生，保留了钱学森的这份试卷。即便在抗日战争中那流离颠沛的日子里，这份试卷仍存放在金悫教授的箱子里跟随他到了大西南。也正因为这样，47年之后，听说钱学森回到母校，金悫教授拿出了这份珍贵的历史文献。

交通大学的校规是相当严格的。学校规定，考试科目有30%以上不及格者，不准补考，令其留级；超过50%不及格者，令其退学。有的班级到二年级时尚有2/3的学生，到毕业时只剩下1/3的学生了。各科成绩平均达80分以上的学生很少。

钱学森曾回忆说：

> 当时交通大学的求知空气并不很浓，但却十分重视考分，学期终了，平均成绩计算到小数点以后两位数字。我对此很不习惯，但也不甘落后，每门功课必考90分以上，获得了免缴学费的鼓励。

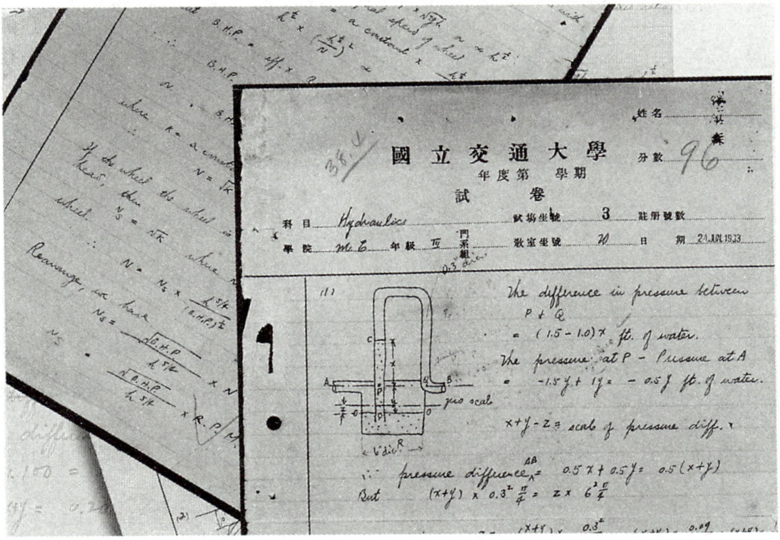

1933年6月24日钱学森在交通大学的水力学考试试卷

当时，大多数同学的分数在70～80分之间，而钱学森每年的平均成绩都超过了90分。例如，现在保存于交通大学档案馆1932年的成绩单，其中注册号（即学号）为469的，总分在班上22名学生中位居第一的便是钱学森：热力工程89分，机械实验90分，电机工程96分，电机实验94分，工程材料92.7分，机械计划97分，机械计划原理90分，金工实习86分，工程经济84.2分，最后平均成绩为90.44分。当时的第二名是丁履德，平均成绩为83.97分，后来他也考取留学公费生，去意大利攻读纺织机械工程学。

1933年4月8日，交通大学成立37周年纪念典礼在文治堂举行，典礼中颁发学生奖品，受奖者为总平均成绩在90分以上，兼品行端纯者，钱学森、钱钟韩等9名学生获奖，免缴本学期学费。

1934年6月，交通大学校长黎照寰先生发给钱学森奖状："兹有机械工程学院四年级学生钱学森于本学年内潜心研攻，学有专长，本校长深为嘉许，特给此状，以示奖励。"

1934年6月，即将毕业的钱学森、张光斗、徐人寿、倪文杰等人当选为中国斐陶斐励学会会员。该会会员入选条件严格，大学毕业班人数在50人以下者，每10人选1人，在50人以上者增选1人，入选者必须在校连续7学期（最后一个学期不计）成绩均在85分以上，操行最近3个学期名列甲等。

1934年6月15日，在交通大学上海本部第四次教务会议上，审订了各项奖励学生名单：钱学森、钱学榘、张光斗等11人获得了学期免费奖。

1934年6月30日，钱学森毕业于国立交通大学机械工程学院铁道门，总平均分数89.10分，为机械工程学院第一名。

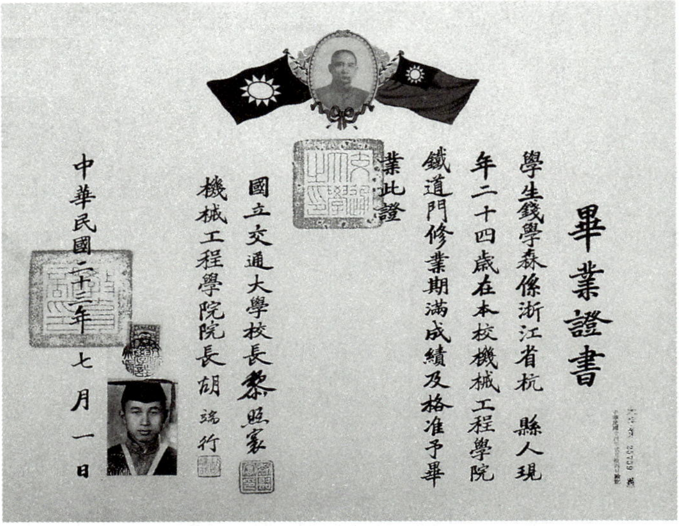

畢業證書

學生錢學森係浙江省杭　縣人現年二十四歲在本校機械工程學院鐵道門修業期滿成績及格准予畢業此證

國立交通大學校長黎照寰

機械工程學院院長胡端行

中華民國二十三年七月一日

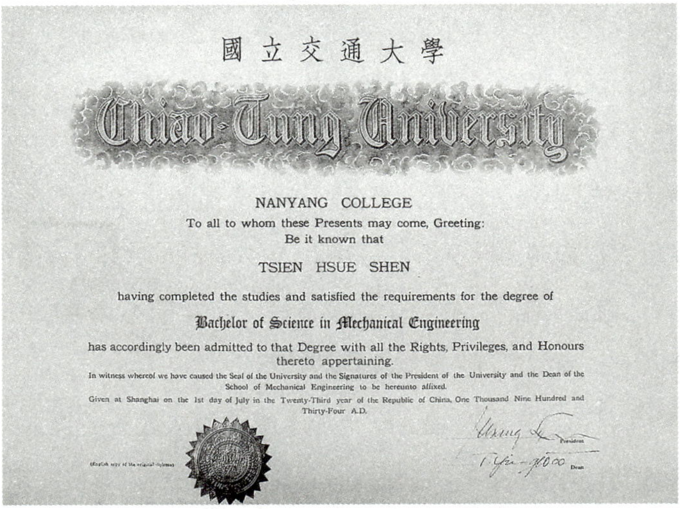

國立交通大學

Chiao-Tung University

NANYANG COLLEGE

To all to whom these Presents may come, Greeting:

Be it known that

TSIEN HSUE SHEN

having completed the studies and satisfied the requirements for the degree of

Bachelor of Science in Mechanical Engineering

has accordingly been admitted to that Degree with all the Rights, Privileges, and Honours thereto appertaining.

In witness whereof we have caused the Seal of the University and the Signatures of the President of the University and the Dean of the School of Mechanical Engineering to be hereunto affixed.

Given at Shanghai on the 1st day of July in the Twenty-Third year of the Republic of China, One Thousand Nine Hundred and Thirty-Four A.D.

(English copy of the original diploma)

President

Dean

钱学森大学中、英文毕业证书

钱学森在回忆交通大学所受到的教育时说：

我要感谢那时的老师们。他们教学严，要求高，使我确实学到了许多终生受用不浅的知识。

“进京赶考”

不知道是谁，把TOEFL译成了带有中国吉祥色彩的“托福”。TOEFL即TEST OF ENGLISHASA FOREIGN LANGUAGE开头字母的缩写，亦即非英语国家学生英语水平考试。

现在去美国留学，要考“托福”，要考“GRE”（研究生英语），优秀者可以获得美国大学的奖学金。

钱学森那个年代，要考清华大学留美公费生（又称“官费生”），优秀者才能获得奖学金。

夏日的南京，在没有空调的岁月，热不可耐，号称中国的三大“火炉”之一。1934年8月，刚从交通大学机械工程学院毕业的钱学森，从上海乘坐火车沿沪宁铁路前往当时的首都南京。他是“进京赶考”，一年一度的清华大学留美公费生考试在南京的中央大学举行——虽然考的是清华大学留美公费生，但是考试并不在北平清华大学。

清华大学“二十三年度”（“民国”二十三年即1934年）留美公费生，只招20名。来自全国各地的大学毕业生角逐这20

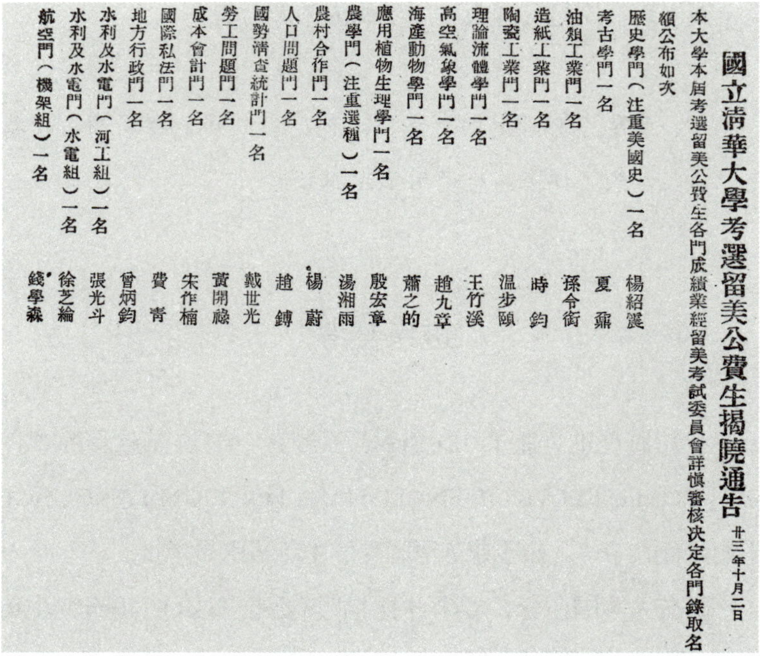

國立清華大學考選留美公費生揭曉通告 廿三年十月二日

本大學本屆考選留美公費生各門成績業經留美考試委員會詳慎審核決定各門錄取名額公布如次

歷史學門（注重美國史）一名 楊紹震
考古學門一名 夏鼐
油類工業門一名 孫令衔
造紙工業門一名 時鈞
陶瓷工業門一名 溫步頤
理論流體學門一名 王竹溪
高空氣象學門一名 趙九章
海產動物學門一名 蕭之的
應用植物生理學門一名 殷宏章
農學門（注重選種）一名 湯湘雨
農村合作門一名 楊蔚
人口問題門一名 趙鏞
國勢清查統計門一名 戴世光
勞工問題門一名 黃開祿
成本會計門一名 宋作楠
國際私法門一名 費青
地方行政門一名 曾炳鈞
水利及水電門（河工組）一名 張光斗
水利及水電門（水電組）一名 徐芝綸
航空門（機架組）一名 錢學森

清华大学1934年度留美公费生揭晓通告

个名额。

钱学森在南京的考试课目有物理、微积分、热力学、机械工程，另外还有中文、英文以及第二外语的考试。所有的这些考试，在一天之内考完。尽管到那里参加考试的都是各校的尖子，钱学森还是对自己能够脱颖而出充满信心。

钱学森从南京回到杭州，静候佳音。在金秋十月，他欣喜地获知，他考上了清华大学留美公费生！

“揭晓通告”上，有这样一行字：“航空门（机架组）一名钱学森”。

“航空门（机架组）”，也就是“航空机架”。

当时，国立清华大学考选留美公费生“航空机架”专业只有一个名额。所谓“航空机架”，也就是飞机机架的设计和制造。飞机除了发动机之外的部分，就是机架。这清楚表明，钱学森作为交通大学铁道机械工程专业的毕业生，已经改学航空机械工程了。诚如钱学森后来所回忆的：

> 1934年夏我报考清华公费留美，改行了，要学航空工程。录取后，在国内杭州笕桥及南昌的飞机工厂见习了几个月，算是入门。

在与钱学森同时被录取的留美公费生中，后来夏鼐成为著名考古学家，王竹溪成为著名物理学家，赵九章成为著名气象学家，张光斗成为著名水利学家，殷宏章成为著名植物生理学家……

幸遇“培养大师的大师”

其实，钱学森能够考上留美公费生，可以说是“涉险过关”。

钱学森向来学习成绩甚好，却在留美公费生考试中遭遇“滑铁卢”：不知什么原因（也许是母亲当时病重），向来擅长数学的钱学森，在报考清华大学留美公费生时，竟然数学不及格！

钱学森其他成绩，竟然也并不好——唯独“航空工程”这门课程考了87分高分！

倘若按照留美公费生的考试成绩，钱学森恐怕要“名落孙山”——倘若钱学森无法赴美国留学，历史就要改写，中国也就没有“两弹一星”功勋科学家钱学森了！

在这关键时刻，主持招考工作的清华大学理学院院长叶企孙先生慧眼识人才，起了关键性的作用。

叶企孙，1898年7月16日出生于上海的一个书香门第。1918年从清华学校毕业之后，他考取庚子赔款留美公费生前往美国留学。叶企孙先后就读于芝加哥大学和哈佛大学物理系，并于1923年获哈佛大学哲学博士学位。1924年回国。1925年清华学校创立大学部，他创建清华物理系并出任系主任。1929年，清华大学理学院成立，叶企孙出任院长，此后长期担任清华大学理学院院长兼物理系系主任。

叶企孙

叶企孙不仅是一位优秀的物理学家，而且是一位杰出的教育家。叶企孙亲自培养了我国一大批著名科学家。在“两弹一星”23位功勋科学家之中，有10位是他的学生，即王淦昌、赵九章、彭桓武、钱三强、王大珩、陈芳允、邓稼先、朱光亚、周光召、王希季。此外，杨振宁、李政道、林家翘、戴振铎、王竹溪、钱伟长等著名科学家也出于他的门下。正因为这样，叶企孙被誉为“培养大师的大师”。

叶企孙不仅长期担任清华大学理学院院长兼物理系系主任，而且长期主管清华庚款留学基金。清华大学每年选派留美公费生，都由叶企孙定夺。由于叶企孙本人就是当年作为清华庚款留学生到美国留学的一员，有着亲身的体会，所以叶企孙对于每年选派留美公费生工作格外认真。

1931年9月18日爆发“九一八”事变之后，大批日本轰炸机掠过中国上空，掷下成千上万的炸弹，使叶企孙意识到中国必须培养自己的航空人才，以求发展航空工业和空军。1933年，叶企孙在清华大学选派的留美公费生中，招收3名飞机制造专业学生，其中的一名是赴美学习“航空机架”。

1933年，毕业于交通大学唐山工程学院的林同骅，考取了这个名额，成为清华大学第一个“航空机架”专业留美公费生。林同骅是四川重庆人，出生于1911年，与钱学森同龄。钱学森因伤寒病休学一年，所以比林同骅晚一年报考这一专业。林同骅后来成功设计、制造了中国首架运输机。

1934年，叶企孙在遴选“航空机架”专业留美公费生时，注意到钱学森虽然其他课目的成绩不是太好，但是“航空工程”这门课程考了87分高分，看得出钱学森有志于“航空工程”的学习，于是破格录取了钱学森。

叶企孙虽然没有直接教过钱学森，但是在钱学森人生的关键时刻帮了他一把，可谓钱学森的伯乐。

清华大学有着不拘一格选人才的优良传统：钱锺书报考清华大学时，数学不及格，仍被录取；吴晗两次考试数学皆为0分，也被清华大学破格录取……

叶企孙是一位正直而富有组织能力的学者。他后来还担任“中央研究院”总干事，成为当时中国科学界的实际领导者，但

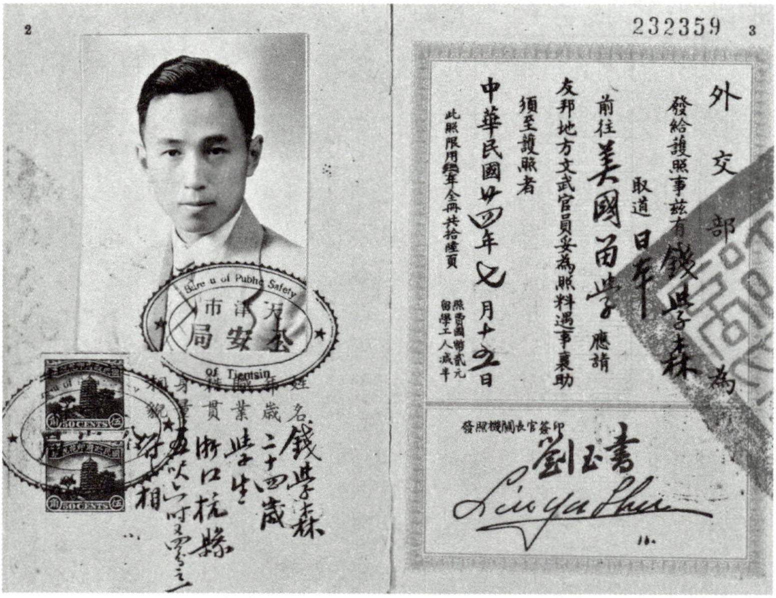

钱学森1935年赴美国时的护照

是他并非中国国民党党员。

1949年初，北平解放，5月，叶企孙出任清华大学校务委员会主席。9月，参加第一届中国人民政治协商会议，当选为全国政协委员。1955年，中国科学院学部成立时，叶企孙当选为学部委员（即今日的院士），并担任中科院数理化学部常委。

在“文革”中，叶企孙被诬为“国民党中统在清华大学的头子”。1968年4月，70岁的叶企孙被逮捕关押。当时的他，“每月只有50元生活费。疾病缠身：两脚肿胀、前列腺肥大、小便失禁，只好日夜坐在一张旧藤椅上，读点古典诗词或历史书打发时光”。海外友人任之恭、赵元任和学生林家翘、戴振铎、杨振宁等回国观光时要求探望他，均遭拒绝。

1977年1月13日，叶企孙这位“培养大师的大师”在昏睡中去世。

第二章

留学的故事

“人比人，你们谁敢和我比？”

钱学森满怀希望到了美国，可是一盆歧视中国人的冷水朝他浇来，使他非常气愤！

1935年8月20日，经过一年的实习后，满载着亲友的企望，钱学森负笈东行，从上海乘坐“杰克逊总统号”邮轮横渡太平洋，来到美国西海岸的西雅图。然后经芝加哥，前往东海岸的波士顿，来到麻省理工学院学习。

麻省理工学院功课很重，这里的学生必须拿满360学分才能毕业，少一分也不行，这跟交通大学差不多。在交通大学“身经百战”的钱学森，在麻省理工学院很快就适应了环境。

钱学森1935年从上海赴美留学时在轮船上留影

不过，钱学森在麻省理工学院也感到心里不舒坦。因为那里的美国同学看不起中国人，他们嘲笑中国太落后。钱学森愤愤不平地说："中国现在是比你们美国落后，但作为个人，我们人比人，你们谁敢和我比试？"

钱学森确实非常努力，在麻省理工学院只花了一年时间，就戴上了飞机机械工程硕士的方尖帽。

尽管学业成绩不错，但是作为实践性很强的飞机机械工程专业学生，钱学森本应该去美国飞机制造厂实习。可是，当时美方规定，美国的飞机制造厂只准许美国学生去实习，不接纳外国学生。钱学森不由得记起他的导师王助在美国波音公司的遭遇：当时，王助已经是波音公司的总设计师，尽管"B&W—

C水上飞机”的设计、制造都出自王助之手，但在进行飞行测试时，美国方面却不允许王助进入测试场地。因为王助不是美国人，担心他会偷学“美国最高航空技术”！正处于事业巅峰的王助，愤而辞去波音公司总设计师的职务，回国去了。

钱学森到美国留学才一年，他不能因此而回国，他只得改变自己的专业方向，即从飞机机械工程转为航空理论研究。航空理论需要大量的数学计算，而这恰恰是钱学森的特长所在。

美国的航空理论研究中心，不在麻省理工学院，而在洛杉矶的加州理工学院，那里的冯·卡门教授是航空理论研究的权威。

于是，钱学森在麻省理工学院获得飞机机械工程硕士学位之后，便决定转学到加州理工学院，并获得加州理工学院的同意。钱学森从美国东北部麻省理工学院所在地波士顿，斜穿整个美国大陆，前往美国西南部加州理工学院所在地洛杉矶。

冯·卡门的“铁杆粉丝”

钱学森离开麻省理工学院，转往加州理工学院，是冲着冯·卡门教授而来。冯·卡门是航空动力学专家，用现在的话来说，钱学森是冯·卡门的“铁杆粉丝”。

1936年10月，钱学森从大西洋岸边的波士顿，来到太平洋岸边的洛杉矶。跟波士顿漫长而寒冷的冬日形成鲜明对比的是，洛杉矶一年到头阳光灿烂，气候温暖。从波士顿来到洛杉矶，那感觉如同从中国的哈尔滨来到深圳。

钱学森千里迢迢投奔冯·卡门。按照别人的习惯，从麻省理工学院转往加州理工学院，也许应先给冯·卡门写封信或者打个电话，而钱学森却是带着行李直奔加州理工学院，到了那里才给冯·卡门写了一封求见信。

冯·卡门在他晚年的回忆录中，专门用一章的篇幅记述自己的学生，那就是《中国的钱学森博士》。

冯·卡门这样回忆同钱学森第一次见面的情形：

> 1936年的一天，钱学森来看我，征询关于进一步进行学术研究的意见。这是我们的第一次见面。我抬头看见一位个子不高、仪表严肃的年轻人，他异常准确地回答了我所有的问题。他思维的敏捷和富于智慧，顿时给我以深刻印象。我建议他转到加州理工学院来继续深造。

钱学森在回忆与冯·卡门的第一次见面时，记得冯·卡门对他说的话：

> 密斯脱钱，希望你到加州来，到这里来。你在这里可以得到你所需要的知识。我相信我们会合作得很好。

就这样，钱学森从麻省理工学院投奔到冯·卡门麾下。55岁的冯·卡门成为25岁的钱学森的导师。钱学森马上办理在加州理工学院的注册手续，住了下来，开始攻读博士学位。

加州理工学院办校理念就是“小而精，小而美”，是精英学府的典范。这所学院直至今日，也只有在校本科生约900人，研究生1100人，教师1000人，但是教师之中有教授280余人。至今该校已有42名校友和教授获得了43次诺贝尔奖，其中鲍林一人得到两项诺贝尔奖。现任教授中有63名美国科学院院士，29名美国工程院院士，75名美国文理学院院士。

加州理工学院强调理工结合，培养的学生既是科学家，也是工程师。博大精深，是加州理工学院对于学生的要求。

冯·卡门是科学奇才。他是出生在匈牙利的犹太人，具有极高的数学天赋，在六岁的时候就能对五位数的乘法略加思索就报出答案来，屡屡使他的父亲震惊不已。

1908年3月，他在游历法国巴黎的时候，目睹了法国人亨利·法曼驾驶一架试验飞机进行飞行，从此对这诞生才五年的奇特飞行器产生浓厚的兴趣，开始研究飞行空气动力学。

对于冯·卡门来说，进入德国西北部的哥廷根大学，在名师普朗特教授（Ludwig Prandtl，1875~1953）的指导下获得博士学位，是人生的重要经历。普朗特是著名力学家，近代力学的奠基人之一。

1911年，也就是钱学森出生的那一年，冯·卡门发现当气流和物体之间附壁作用失效，并在物体后面形成一股尾流时，就会产生型面阻力。这个发现被定名为“卡门涡街”，成为飞机、船舶和赛车设计的理论基础。

后来，冯·卡门担任德国亚琛工业大学航空系教授。亚琛工业大学是德国最负盛名的理工科大学。1930年，冯·卡门又发表了关于“湍流理论”的重要论文，受到同行们的高度评价。

就在冯·卡门处于学术巅峰时期，法西斯纳粹势力在德国崛起。希特勒对犹太人大开杀戒，迫使冯·卡门离开德国，移民美国。法西斯拱手把一位天才科学家送给了美国。从此，冯·卡门执教于加州理工学院，并加入了美国籍。由于冯·卡门的加盟，由于他在应用力学、流体力学、湍流理论、超音速飞行和火箭领域的研究，美国的航空和宇航事业取得长足的进步，以至在全世界处于领先的地位。

加州理工学院给钱学森的印象是全新的。钱学森曾回忆说：“在这里，拔尖的人才很多，我得和他们竞赛，才能跑到前沿。这里的创新还不能局限于迈小步，那样很快就会被别人超过。你所想的、做的要比别人高出一大截才行。你必须想别人没有想到的东西，说别人没有说过的话。”也就是说，加州理工学院教育的核心价值就是创新。

创新，是科学的灵魂。世界上最容易的事情，莫过于踩着别人的脚印走。这种因循守旧的人，就像老是围着碾子打转转一样，永远不能走别人所没有走过的路，创造别人所没有创造的东西。一部科学发展史，其实就是一部科学创新史。

冯·卡门非常推崇创新精神。

冯·卡门曾经问学生：“你们的100分标准是什么？”

学生回答说："全部题目都答得准确。"

"我的标准跟你们的不一样，"冯·卡门说，"因为任何一个工程技术问题根本就没有百分之百的准确答案。要说有，那只是解决问题和开拓问题的方法。如果有个学生的试卷对试题分析仔细，重点突出，方法对头，且有自己的创新，但却因个别运算疏忽最后答数错了，而另一个学生的试卷答数正确，但解题方法毫无创造性；那么，我给前者打的分数要比后者高得多。"

钱学森日后还曾说起一个关于冯·卡门的故事：一个学生把文章拿给冯·卡门看，冯·卡门看看文章头，看看文章尾，想了想，然后告诉学生说中间计算错了。那学生感到奇怪，你还没好好看我的论文，怎么能得出这样的结论？那是因为冯·卡门对那个学生研究的领域里的问题几乎都想过，大概会得出什么结论他心里早已有数，所以他一看就知道。

钱学森记得，在一次学术讨论会上，冯·卡门讲了一个非常好的学术思想，美国人叫"good idea"（好点子）。有人问："冯·卡门教授，你把这么好的思想都讲出来了，就不怕别人超过你？"冯·卡门说："我不怕，等他赶上来，我又跑到前面老远去了。"

所谓"good idea"，其实就是科学上创新的想法。钱学森后来说，来到加州理工学院，来到冯·卡门身边，使他"一下子脑子就开了窍"。在这里，钱学森的思想变得非常活跃。

加州理工学院经常开展学术讨论，他们这个团队大多数时候上午在老师冯·卡门的领导下，争得面红耳赤是常有的事，下午各自回去整理、丰富自己的论点，忙到深夜，第二天上午又继续争论下去。

学术讨论会有时是在下午召开。后来，钱学森曾对他的学生樊蔚勋说："那时候早晨起来晚，上午到图书馆翻杂志，或者到实验室看实验，并和实验人员聊天，下午参加讨论班的争论，卡门教授也参加争吵，但不影响人与人的关系。或者乱七八糟听课，如听广义相对论等。晚上以后就一直工作到子夜12点钟。最后发表的论文，虽然只写了钱某的名字，但在实际上，科研成果绝不是钱某一个人的，它是集体工作的结晶。"

"灯越拨越亮，真理越辩越明。"加州理工学院的学术民主空气，推动着学术探讨，推动着科学创新。

钱学森后来回忆说，他有一次在发表自己的学术见解时，一个老头提了些意见，被钱学森不客气地用一句话顶了回去。会后，冯·卡门对钱学森笑道："你知道那老头是谁吗？"钱学森说不知道。冯·卡门说，那位是航空界鼎鼎有名的大教授冯·米赛斯。接着，冯·卡门又说，你那句话回答得好极了。

就连钱学森跟冯·卡门之间，也曾因为对一个科学问题的见解不同而引起争论。有一次，钱学森把写好的一篇文章请冯·卡门看，冯·卡门看后表示不同意钱学森的观点，而钱学森坚持自己的观点，师生之间话语不投机便争辩起来。最后，冯·卡门一气之下把文章扔到地上，两人不欢而散。等到第二

钱学森的导师冯·卡门

天一早，冯·卡门在办公室见到钱学森时，给他深深地鞠了一躬，并对钱学森说："我昨晚一夜未睡，想了想，你是对的。"①

冯·卡门虚怀若谷的作风，使钱学森感动不已。

冯·卡门在结识钱学森之后的翌年，第二次访问了中国（第一次是在1928年，当时他是德国亚琛工业大学教授），受到很高的礼遇。

当蒋介石和宋美龄在庐山上接见冯·卡门时，在座的有清华大学校长梅贻琦。蒋介石向冯·卡门询问中国发展航空工业之策。

然而，当时的中国工业技术是那么的落后，中国依靠自己的力量制造飞机谈何容易。不过，梅贻琦从冯·卡门那里得知，清华大学派出的公费生钱学森正在冯·卡门手下学习。

---

① 2010年5月17日下午，叶永烈在北京中国科学院自动化研究所采访戴汝为院士。

冯·卡门的中国之行，使他对于钱学森的祖国——中国有了更深入的了解，他明白为什么中国人对发展自己的航空事业有着那么强烈的愿望。作为匈牙利人，作为深受德国纳粹欺凌的犹太人，冯·卡门对于中国受到日本军国主义的欺凌，感同身受。正因为这样，冯·卡门曾说："世界上最聪明的民族有两个，一个是犹太人，另一个就是中国人。"这句话是在他结识钱学森之后发出的感叹语，也是他1937年中国之行的感悟。

冯·卡门终生未婚。他在晚年写下了回忆录，记述自己那传奇的一生。

1963年2月18日，美国总统肯尼迪授予冯·卡门美国第一枚科学勋章，以表彰他对美国的巨大贡献。82岁的冯·卡门双脚患关节炎，走起路来摇摇晃晃，肯尼迪总统赶紧上前扶他一把。冯·卡门推开了肯尼迪总统，幽默地说："总统先生，走下坡路是不用扶的，只有向上爬的时候才需要拉一把。"

处于人生下坡路的冯·卡门在两个多月之后，便与世长辞。

为了纪念冯·卡门，他的祖国匈牙利在1992年8月3日发行了一枚纪念他的邮票；1992年8月31日，美国也发行了一枚冯·卡门的纪念邮票。

冯·卡门对中国充满友好的感情，他曾两度访华，一次在1928年，当时他是德国亚琛工业大学教授，另一次在1937年，此时他是美国加州理工学院教授。

美国发行的冯·卡门纪念邮票

加盟“自杀俱乐部”

如果你听说钱学森在美国加入“自杀俱乐部”，一定会非常惊讶。

其实，被同学们戏称为“自杀俱乐部”的，是火箭俱乐部。小伙子们在试验自制的火箭时，发出巨大的声响和耀眼的火光，确实是相当危险的工作。

正当钱学森在航空理论——空气动力学上屡建奇功的时候，他的研究方向又一次开始转移，那就是转向了火箭。

钱学森怎么会研究起火箭来的呢？

1938年秋，加州理工学院院长米立肯和冯·卡门一起飞往华盛顿，出席美国陆军航空兵署召开的会议。在会上，美国军方拿出五个亟待解决的军事难题，请几个参加会议的大学代表挑选，然后军方拨给研究经费。其中课题之一，是为重型轰炸机设计一种助推火箭，以使重型轰炸机能够在很短的跑道上或从航空母舰上迅速起飞。

出席会议的麻省理工学院航空系主任汉萨克不愿接受这个课题，以为难度太高，因为麻省理工学院对火箭没有什么研究。他挑了“制造飞机挡风玻璃的除冰装置”这个课题。

当时，加州理工学院可以挑选一个课题。冯·卡门认为助推火箭这个课题虽然没有做过，但是富有挑战性，建议米立肯院长选择这一课题。在冯·卡门看来，如果说重型轰炸机如同一个大胖子，而助推火箭等于在大胖子起飞时推它一把，助一臂之力。

于是，试制这种助推火箭的任务，就落在加州理工学院冯·卡门教授头上。为了保密，这项研制计划的代号为“JATO”。

没有金刚钻，甭揽瓷器活。冯·卡门敢于揽下“JATO”这个事关美国国防的任务，不仅因为他对火箭有着多年的研究，而且他手下有那么一个“火箭俱乐部”。

在冯·卡门的门生之中，最早对火箭发生兴趣的是马林纳。他来自波兰，比钱学森小一岁，是航空工程研究生。马林纳的兴趣广泛，大概是从小读了法国科学幻想作家儒勒·凡尔纳的小说《从地球到月球》，对火箭情有独钟。马林纳也酷爱绘画，他还是美国共产党党员。后来为了避免在美国受到迫害，移民到法国，干脆放弃航空工程专业，当起现代派画家来了。1981年11月9日，马林纳在巴黎病逝。

1936年年初，在实验室例行的周末学术讨论会上，冯·卡门的助手史密斯作了一场关于火箭推进飞机可能性的报告，报告主要引用奥地利工程师欧根·桑格尔所做的研究。当地帕萨迪纳的报纸发表了冯·卡门的另一位助手维廉·玻雷的文章，很快吸引了两位“火箭迷”帕森和福尔曼。他们找到了冯·卡门的实验室，结识了“火箭迷”马林纳和史密斯。

在马林纳的提议下，1936年2月这四位“火箭迷”组成了“火箭俱乐部”，又叫火箭社、火箭小组，马林纳成了头儿。

火箭俱乐部中的四个“火箭迷”，各有所长：马林纳和史密斯是航空工程研究生，负责总体设计，化学专业的帕森负责制造火箭燃料，而福尔曼则擅长机械制造。

钱学森来到加州理工学院之后，分配到一间小实验室，这间实验室由他跟史密斯共用。史密斯知道钱学森的数学功底很好，就把他也拉进了火箭俱乐部。于是，火箭俱乐部的成员从四个发展到五个。

火箭社成员马林纳

钱学森后来回忆说：

> 马林纳这个人很聪明，小组的其他几个人动手能力也很强，但他们在理论上不怎么行，于是找到我，要我帮助他们解决一些理论和计算问题。

这个火箭俱乐部，是这么几个学生自发组织起来的研究火箭的小组。更准确地说，是研制火箭的小组。可是，研制火箭需要资金，而火箭俱乐部的五个小伙子都是热情有余，财力不足。

到了1937年1月，气象系的研究生阿诺德成为火箭俱乐部“编外成员”，才使资金问题有了着落。所谓“编外成员”，是因为阿诺德的气象专业跟火箭没有什么关系，他对这个俱乐部产生兴趣是因为在校园里听了马林纳的一次演讲，知道他们缺乏资金，而他在募捐方面有“办法”，便承诺为这个俱乐部募集一千美元——在当时，是一笔不小的数字。阿诺德提出了他的“条件”，他是一个摄影爱好者，他希望在火箭发射时能够让他拍下壮观的画面。

火箭俱乐部在很爽快地答应阿诺德的“条件”的同时，也对他心存疑虑：这家伙别是吹牛专家吧！

阿诺德倒是说到做到。过了些日子，他真的把一包用报纸包裹着的美元送到马林纳手中。马林纳打开一看，整整一千美元，只是其中有不少是一元一张的美元，这恰恰表明阿诺德是辛辛苦苦募捐而得。马林纳差一点被感动得掉下眼泪！

火箭俱乐部自从有了这一笔启动资金之后，五个小伙子真的开始设计、制造火箭了。他们从附近工厂的废料库、垃圾场里挑拣一些五金材料，回来敲敲打打，制造火箭模型。钱学森依然是理论家的角色。他在紧张地做他的关于空气动力学的博士论文的同时，在1937年5月29日为这个火箭俱乐部写出了论文，论文虽说不算很长，那题目却很长：《喷嘴发散角度变化对火箭推力的影响，火箭引擎的理想周期、理想效率与理想推力，考虑分子解离效应之燃烧室温度计算》。这篇论文成为钱学森从事火箭研究的开山之作。

从事火箭研究，毕竟是业余的工作。那时候，钱学森常常在吃过晚饭之后，夹着计算尺和笔记本到马林纳家中，从事火箭参数的计算。

从1936年10月29日到1937年1月，火箭俱乐部进行了多次试验。

火箭俱乐部由于得到冯·卡门教授的宝贵支持，1937年被“收编”，从原本是几个学生自发的“草根”小组，成为加州理工学院古根罕姆航空实验室属下的一个课题组，冯·卡门教授允许他们利用古根罕姆航空实验室的设备开展研究工作。

然而，火箭俱乐部出师不利，在最初的日子里接连发生了两起事故：

一次是在试验时不慎把一瓶四氯化碳打翻了，古怪的气味在校园里漫延，一下子就招来诸多指责。

另一次是他们做成一只8英寸长的小火箭，吊在实验室的屋顶上进行试验。他们在实验室里把四氯化碳跟酒精混合，火箭喷出红褐色的气体和泡沫，把实验室弄得一片狼藉。

这两起事故，轰动了全校。同学们笑称火箭俱乐部是“自杀俱乐部”。

然而，接着发生的另两起事件，却又使火箭俱乐部咸鱼翻身：

一是1938年1月，为了迎接在纽约召开的第六届全美航空科学协会年会，火箭俱乐部由马林纳和史密斯执笔，写出了论文《探空火箭的飞行分析》。经过钱学森的计算，论文指出，从理论上证明火箭的飞行高度可以达到10万英尺。冯·卡门十分欣赏这篇论文，给了马林纳200美元作为路费，让他乘火车前往纽约出席会议。这篇论文在年会上一炮打响，美国许多报纸报道了加州理工学院的火箭俱乐部。马林纳从纽约归来，成了加州理工学院校园里的新闻人物。

二是1938年秋天，冯·卡门和加州理工学院院长米立肯从美国陆军航空兵署带回为重型轰炸机研制火箭的“JATO”计划。于是，已经把阿诺德募捐来的一千美元花得差不多的火箭俱乐部，一下子有了来自军方的研究任务，尽管马林纳本人极其不愿意把火箭用于军事目的，用他的话来说，那就是“不做军火商”。不过，毕竟军方的研究科目，会使火箭俱乐部得到可贵的资金。

1938年，马林纳前往华盛顿，跟美国科学院就“JATO”计划作了具体的商谈，写出初步研究规划。1939年1月，美国科学院给加州理工学院拨款一千美元，作为“JATO”计划的启动资金。

美国国防部的一位名字也叫阿诺德的将军，来到加州理工学院，他非常看重火箭俱乐部的研究工作。后来，美国军方拨给火箭俱乐部的研究经费，增加到一万美元。

冯·卡门教授亲自主持火箭俱乐部每周一次的研讨会，来自不同专业的五个小伙子分别报告自己一周来的新的设想，大家互相补充，冯·卡门给予指点。这样，一个个技术难题迎刃而解。

小伙子们急于进行试验。在1939年3月的一次试验中，闯了大祸，火箭爆炸了！一块金属碎片飞向马林纳平常坐的椅子，幸亏当时他没有坐在那里。

爆炸声惊动全校，火箭俱乐部真的成了“自杀俱乐部”。校

钱学森的好友马林纳所画的加州理工学院喷气推进实验室开会时的漫画，前左第三人为钱学森

方为了安全，从此明令禁止火箭俱乐部在校园里进行这种危险的试验。

火箭俱乐部被逐出加州理工学院校园之后，把试验基地设在离开学校几公里外的荒凉的阿洛约·塞科山谷，那里有一块干涸的河床。他们在那里竖立起火箭发射架和火箭。他们获得了第一次成功——一枚火箭在点火之后蹿向碧空，稳稳地飞行了一分钟！尽管那是一支小小的探空火箭，毕竟那是迈向胜利的第一步。

这个“民间组织”火箭俱乐部，成了美国历史上最早的研制火箭的组织。那五个小伙子，后来被推崇为美国研制火箭的“元老”——钱学森是五位“元老”之一。

阿洛约·塞科山谷，如今是著名的美国宇航局喷气推进实验室的所在地。在公开对外开放的日子里，成千上万的人饶有兴趣地到那里去参观。

投进英国大使馆信箱的情报

1939年，一份绝密的军事情报，投进英国驻挪威首都奥斯陆大使馆的信箱里。这份被称之为“奥斯陆报告”的秘密情报，被称为第二次世界大战中最重要的情报之一。

从德国获得这一绝密情报的是保罗·罗斯鲍德。保罗·罗斯鲍德是德国施普林格出版公司的科学编辑，跟一大批德国科学家很熟悉。表面上保罗·罗斯鲍德是希特勒的忠实门徒，暗地里却是英国首相温斯顿·丘吉尔安插在德国的最得力的特工。

《奥斯陆报告》透露了德国极其秘密而又至关重要的情报：一是德国正在研制火箭、导弹，二是德国正在研制大规模杀伤性武器——原子弹。也就是说，德国正在研制“两弹”——导弹和原子弹。

英国首相温斯顿·丘吉尔迅速把这一重要情报转告美国总统罗斯福。

罗斯福大为震惊，赶紧制订美国的研制“两弹”计划。

罗斯福总统拨款几十亿美元，投入军事科学研究，启动美国的“两弹计划”，希望能够在军事装备上超越德国。

美国研制原子弹的计划，代号为“曼哈顿计划”。加州大学伯克利分校的物理学教授罗伯特·奥本海默被任命为“曼哈顿计划”的首席科学家。

1943年4月，奥本海默建立了洛斯·阿拉莫斯实验室（the Los Alamos Scientific Laboratory），最初参加这一实验室工作的只有几百名科学家。在美国军方大力支持下，先后有六千名方方面面的科学家加盟这一实验室。27个月之后，这些专家在奥本海默的领导下，成功地制造出世界上第一颗原子弹。奥本海默也因此被誉为“美国原子弹之父”。

罗斯福总统高瞻远瞩，他的手指在揿下原子弹研制计划的启动键之后，又移向火箭、导弹研制计划的启动键。

尽管德国对于火箭的研制工作严格保密，但是美国的情报人员无孔不入。德军在火箭研制工作中的迅速进展，使美国军方坐立不安。

美国五角大楼派人前往加州理工学院，要求冯·卡门主持研制新式火箭这一重大任务，尽快提出具体方案。

如同钱学森后来所说：“‘二战’爆发后不久，罗斯福总统特别注意发展科学技术，多次把科学家们找来共同讨论在美国如何发展科学技术的问题。当时就找到冯·卡门等科学家，他们讨论来，讨论去，结果就做出要尽快搞火箭发射、搞原子弹和氢弹这个英明的决定。因为一般的火炮打（引者注：指运载）原子弹、氢弹，打不远，不行。有了火箭发射，你想打到哪儿，哪儿就完了，毁灭性的。”

这么一来，导弹成为美国政府重点研制的新式武器。导弹的基础是火箭。加州理工学院那个“自杀俱乐部”——火箭俱乐部，受到了美国政府的高度重视。

冯·卡门受命主持美国火箭、导弹的研制工作。作为冯·卡门得力助手的钱学森，也就把研究的重点转向火箭、导弹。

时势造英雄，第二次世界大战把钱学森推上了世界第一流的火箭专家、导弹专家的位置。

1939年6月9日，钱学森在加州理工学院戴上了博士帽。火箭俱乐部的伙伴们为钱学森举行了一次庆贺宴会。那天，马林纳拉起小提琴，威因鲍姆弹起钢琴，钱学森弹起吉他，共同演奏贝多芬、莫扎特、勃拉姆斯的名曲。这群小伙子不仅在研制火箭中配合默契，在演奏的时候也是那么协调一致。

钱学森走过了“学士——硕士——博士”的求学之路，获

1939年钱学森在美国加州理工学院获航空、数学博士学位

得博士学位意味着他结束学生生涯，成为加州理工学院航空系的助教。摆在他面前的是“助理教授——副教授——教授”的执教之路。

美国的“两弹计划”，改变了钱学森的科研方向。

由于火箭技术受到美国政府的高度关注，原本是“草台班子”的火箭俱乐部也今非昔比，一下子“火”了。1941年，火箭俱乐部扩大成了“航空喷气通用公司”，冯·卡门出任总经理，马林纳为司库，钱学森出任公司顾问。

冯·卡门和马林纳、钱学森等经过研究后认为，当务之急是必须建立一个新的、大型的火箭实验室。这个实验室命名为“喷气推进实验室”（Jet Propulsion Laboratory），简称“JPL”。只有建立了这样的实验室，才能设计出射程超过100英里以上的火箭。

为了能够追赶德国的火箭技术，美国陆军参谋长马歇尔爽快地给加州理工学院拨款300万美元兴建“喷气推进实验室”——不再是最初研制“JATO”时给一千美元、一万美元那样“小气”。这充分表明，五角大楼已经把发展美国的火箭技术列为重中之重！

喷气推进实验室在火箭俱乐部当年进行试验的阿洛约·塞科山谷动工兴建。冯·卡门教授被任命为喷气推进实验室主任，下设弹道、材料、火箭、结构四组，钱学森被任命为火箭研究组组长。

“航空喷气通用公司”开张之后，忙着接受来自美国科学院所属的空军研究委员会、作战部、兵工局的订单，为他们设计、制造新式的航空、火箭武器。“JATO”计划就是在1941年8月完成的。在第二次世界大战中，“JATO”这种重型轰炸机的火箭助推起飞装置，使重型轰炸机在很短的跑道或者航空母舰上起飞，很快就在美国空军中得到广泛的应用。钱学森在“JATO”的研究、设计过程中，发挥了重要的作用。

“航空喷气通用公司”还接受了培训现役空军和海军军官的任务，为他们讲授工程数学原理和喷气推进原理。钱学森仔细研究了美国情报部门送来的德国导弹情报，得知德国V-1火箭的详细介绍。在此基础上，钱学森撰写出长篇报告《喷气推进》，这是美国首部全面系统论述喷气推进原理和导弹性能的著作。后来，这篇报告成为美国空气动力学研究生和军事工程师必读的教材。钱学森担任了教员，讲授“喷气推进”。

不过，随着“航空喷气通用公司”接受的军事订单越来越多，钱学森反而跟当年火箭俱乐部的伙伴们来往少了。这是因为钱学森在美国是外国人，按照美国政府的规定，不能参加涉及军事机密的研究工作。钱学森在冯·卡门的指导下，在空气动力学的研究工作中多有建树，发表了许多论文。

为了尽量留住钱学森，1941年8月，冯·卡门把钱学森在美国的居留身份由原先的学生改为访问学者。

钱学森这么优秀的人才，不能继续参加美国的火箭研究，冯·卡门深感遗憾。

钱学森已经是冯·卡门的左右手，是有着相当造诣的科学家。迫于扩军备战的紧急需要，迫于美国军事尖端科技人才的匮乏，1942年12月1日，在冯·卡门的推荐下，经过美国宪兵总司令部人事安全主管巴陀上校的安全审核，钱学森获得了安全许可证，获准参加海陆空三军、国防部、科学研究发展局等一切军事机密工作。

从此，钱学森介入美国国防的核心机密，在美国的火箭研制工作中作出重大贡献。

钱学森的专业是航空，参加火箭俱乐部最初原本只是学习之余的兴趣小组。没想到，随着火箭技术的日益重要，他的研究重心从航空转向火箭，以致人们现在一提起钱学森，加在他名字前的定语就是“火箭专家”。

钱学森曾经说自己是几度改行的人：在交通大学，他学的是铁道机械工程专业；考取留美公费生时，改为飞机机架专业；到了加州理工学院，又改学空气动力学；最后又转向研制火箭。

其实，钱学森的改行，不只是他个人专业方向的改变，也是时局的选择——当钱学森在交通大学学习时，抗日战争使他投身到“航空救国”的行列；而在加州理工学院学习时，第二次世界大战把他推上了火箭专家的位置。

好友汇聚在钱学森身旁

美国总统下达的“两弹计划”，使火箭专家钱学森忙得不亦乐乎，可是他忙里偷闲，居然下厨做起杭州菜来。

那时候，钱学森还没有成家，他是在朋友家的厨房里“露”一手。

钱学森的朋友，就是周培源。

周培源比钱学森大九岁。他是在1924年成为清华大学留美公费生，先在美国芝加哥大学获硕士学位，1927年转往加州理工学院，获博士学位。此后，他到德国、瑞士从事研究工作，然后回到中国，担任清华大学物理系教授。在1936年至1937年，他再度赴美，在普林斯顿大学工作。回国之后，在1943年至

1943年钱学森和几位中国研究生在帕萨迪纳与周培源一家的合影

1946年第三次来美国，这一回他在加州理工学院从事湍流理论研究，结识了冯·卡门，结识了钱学森。

周培源和夫人王蒂澄一起来到加州理工学院后，他家经常成为中国学者聚会之处。在王蒂澄下厨招待客人的时候，钱学森有时也做个杭州菜凑热闹。

在1941年至1942年，钱伟长、郭永怀、史都华、林家翘，先后来到加州理工学院。他们也参加了喷气推进实验室，进行弹道分析、燃烧室热传导、燃烧理论研究等工作。在钱学森的身旁，一下子出现了一群黄皮肤、黑眼珠的中国学者。

钱学森跟钱伟长这“两钱”建立了很好的友谊。

钱伟长比钱学森小一岁，1931年考取清华大学历史系。钱伟长虽然名曰“伟长”，但是进入清华大学即创造了一个纪录：当时清华大学规定学生身高必须超过1.50米，而钱伟长只有1.49米，因成绩优异被破格录取。

不过，钱伟长虽然个子矮小，却酷爱体育运动。他在清华大学求学期间，参加过1933年的全国大学生运动会，并以13.4秒的成绩在100米栏的比赛中位列季军。1937年入选中国队，参

钱学森等中国留学生与冯·卡门兄妹

加了在菲律宾举行的远东奥林匹克运动会。

“九一八”事变之后，在“科学救国”精神感召下，钱伟长居然决定要从历史系转学物理系，从文科跳到理科！

1940年钱伟长考取清华大学公费留学生。当时公费留学生不仅有留学美国的，也有留学英国的。钱伟长考取的是留学英国的公费生。不过，由于1939年9月1日第二次世界大战爆发，钱伟长无法去英国留学，但按照当时的规定可以去英联邦国家留学。于是，钱伟长赴英联邦国家加拿大多伦多大学应用数学系学习，只用了50天的时间就完成论文《弹性板壳的内禀理论》，受到冯·卡门的欣赏。这篇论文被收入冯·卡门六十岁祝寿文集。钱伟长1942年获博士学位。应冯·卡门之邀，钱伟长在1942年来到加州理工学院喷气推进实验室工作直到1946年回国。

钱伟长性格开朗。这位从历史系跳到物理系再跳到数学系的人物，知识面广，兴趣广泛，很快就跟钱学森无话不谈。在喷气推进实验室工作的那些日子，“两钱”常常一起吃晚饭，边吃边聊，取长补短。

1946年5月，钱伟长以探亲的名义从洛杉矶乘船回到中国，应聘担任清华大学教授，兼任北京大学、燕京大学教授。

郭永怀也成了钱学森的好友。郭永怀比钱学森大两岁。他是山东农家子弟，靠着刻苦用功，1935年毕业于北京大学物理系，1940年考取清华大学公费留学生，到加拿大多伦多大学应用数学系留学并获硕士学位，1941年到美国加州理工学院研究可压缩流体力学，1945年获博士学位。

在喷气推进实验室，有那么多中国学者一起工作，钱学森备感愉快。

还应提到的是，还有许多中国学者先后来到加州理工学院，虽然他们不是钱学森的同行，但是也都成了钱学森的好朋友。内中有研究遗传学的谈家桢，他于1934年夏赴加州理工学院，师从遗传学权威摩尔根，于1936年获哲学博士学位后，留校任博士后研究助理。此外，赵忠尧、孟昭英、胡宁、唐有祺、郑哲敏等，也都是钱学森的加州理工学院校友。

跨进门卫森严的五角大楼

五角大楼是一个高度机密、严格保密因而显得非常神秘的地方。

因为五角大楼是美国国防部的所在地，所以它也就成了美国国防部的代名词。“五角大楼以为”“五角大楼表示”“在五角大楼看来”之类的话，频频出现于新闻报道。每逢美国国防部举行记者招待会，国防部发言人身后，就挂着五角大楼的图案。

五角大楼坐落于华盛顿西南、弗吉尼亚州的阿灵顿，隔着波托马克河与美国总统府——白宫遥遥相望。五角大楼，是一幢五角形的大楼——由五幢五层的楼房联结而成的。美国部队分为五个军种：陆军、海军、空军、海军陆战队、海岸警卫队。五个兵种各占大楼中的一幢，所以这座大楼成了“五角大楼”。

五角大楼在1941年8月开始动工建造。开工后不到4个月，在1941年12月17日，爆发了日军偷袭珍珠港事件。于是，美国加速了五角大楼的建设。原计划要建设4年，由于加快了工程进度，前后只用了16个月就完工了。大楼建成之后，立即投入了使用。设在这里的“国家指挥中心”，成为美国三军的最高统帅部。在第二次世界大战中，五角大楼发挥了重要的指挥作用。

钱学森居然跨进这个戒备森严的五角大楼，而且还在那里上班！须知，他并不是美国公民，他是持“中华民国”护照的外国人。

那是在1944年12月1日，美国国防部正式成立科学咨询团，由冯·卡门任团长。冯·卡门推荐钱学森到华盛顿参加他领导的美国国防部科学咨询团。这样，钱学森辞去在加州理工学院担任的各项职务，到华盛顿参加国防部科学咨询团。国防部科学咨询团设在五角大楼里。于是钱学森也就在美国最重要的军事领导核心——五角大楼上班。

1944年冯·卡门主持美国国防部科学咨询团第一次全体会议，后左二为钱学森

就在这些日子里，加州理工学院喷气推进实验室正忙着研制代号为“女兵下士”的火箭，而第二次世界大战以飞快的速度进入终点：

1945年4月30日，法西斯德国元首阿道夫·希特勒自杀。

1945年5月7日，法西斯德国宣布无条件投降。

1945年8月15日，日本裕仁天皇宣布无条件投降。

就在第二次世界大战落下大幕前夕，身为盟国的美国和苏联之间开始了新的争夺。他们争夺的目标，就是德国火箭的秘密，也就是争夺德国火箭基地和火箭专家。双方都对德国用火箭隔着英吉利海峡轰击伦敦留下深刻印象，意识到火箭技术、导弹技术的战略重要性。

从此，在火箭的跑道上，美国和苏联开始了激烈的竞争。

苏联的克格勃，在猎取德国火箭情报方面，先于美国的中央情报局。早在1935年，一份关于德国秘密研制导弹计划的情报，就送到了斯大林手中。这是苏联驻柏林的克格勃从纳粹党卫军高官威利·莱曼那里获得的绝密消息。后来莱曼的“卖国”行径被纳粹发觉而遭到枪决。

1943年8月17日，英国轰炸机偷袭德国火箭基地佩内明德。关于佩内明德的绝密情报来自在那里做苦役的法国俘虏。不过，虽然佩内明德遭到猛烈的轰炸，但是大部分火箭专家因及时躲进防空洞而逃过一劫。尤其是德国头号火箭专家冯·布劳恩在轰炸中安然无恙，成为美苏两国特工们最为关注的目标。

由于佩内明德目标暴露了，纳粹在哈尔茨山区的诺德豪森

德国V-2导弹

建设了新的火箭生产基地。一万多名来自集中营的囚徒，在德军皮鞭下日夜加班挖掘山洞，建设导弹工厂。

冯·布劳恩也从佩内明德来到诺德豪森，在这里指挥新建火箭生产基地。从1944年8月到1945年2月，诺德豪森生产了3000多枚V-2火箭。

美国中央情报局获知哈尔茨山区的动向，向美国总统罗斯福密报。罗斯福接到情报之后，认为人才至上，头脑比领土更为重要，指示在攻入德国本土之后，务必设法网罗德国火箭人才。美国中央情报局据此制订了神秘的“回形针行动”，务求抓住以冯·布劳恩为首的一大批德国火箭专家。这个秘密计划之所以用“回形针”为代号，是因为一大堆纸片被风一吹就撒落一地，有了回形针就能夹住纸片，这“回形针”就是冯·布劳恩。

与此同时，五角大楼草拟了一个调查组的专家名单，准备前往德国对德国的火箭专家们进行审讯，对德国的火箭基地进行考察。列为名单之首的就是冯·卡门教授，成员之中有钱学森的名字。

美军上校钱学森飞赴德国

1945年4月，美国五角大楼派遣国防部科学咨询团一行36人，赶往德国。

纳粹德国正处于岌岌可危之时，即将覆灭而未覆灭，美、英联军和苏联红军正在向希特勒老巢柏林推进。隆隆的炮声、炸弹声，震撼着德意志大地。

国防部科学咨询团成员一身戎装，佩美军军衔，出现在战火纷飞的德国。团长是冯·卡门少将，冯·卡门的主要助手是34岁的钱学森上校。整个国防部科学咨询团有36人，在访问德国之后写给美国国防部的报告，总共十三章，冯·卡门写前面总的一章，而钱学森参与了五章的编写，从中可以看出钱学森在这个咨询团中的重要作用。

五角大楼任命冯·卡门为国防部科学咨询团团长，出于两方面的考虑：第一，在学术上冯·卡门是当然的首席科学家；第二，冯·卡门曾经在德国工作多年，不仅会讲流利的德语，而且非常熟悉德国，尤其是熟悉德国的航空工程界。

对于冯·卡门来说，这次重返德国，重访故地，感慨万千。

想当年，由于他是犹太人，遭到纳粹的种族歧视，不得不离开德国前往美国。如今，他身穿美军少将军服，以胜利者的姿态出现在纳粹德国，将目击纳粹德国覆灭的最后日子。

钱学森是第一次来到欧洲，来到当时火箭技术最为领先的德国，对他来说是极为难得的考察、学习机会。当年他在北京上高二的时候，曾经选修了第二外语德语，没想到在这次考察中派上了大用场。虽说他的德语没有像英语那样纯熟，但是懂得德语毕竟对于在德国考察提供了很大方便。在整个考察期间，钱学森一直是工作笔记不离身，对考察的过程作了详尽的记录，这为他回去之后撰写考察报告提供了重要的依据。

钱学森（右一）、冯·卡门（右二）等在德国魏尔海姆学院

钱学森的学生郑哲敏曾经回忆说，当年钱学森出入五角大楼的通行证以及前往德国的上校军官证，至今仍被他的一个美国朋友所收藏。郑哲敏说："1993年，我去美国访问，还看见过。"

国防部科学咨询团来到德国的美占区，第一站就是直奔德国下萨克森州东部的一座小城市不伦瑞克（Braunschweig）。这座只有二十来万人口的不起眼的小城，在美国国防部科学咨询团的眼中，却是极其重要的考察目标。

在不伦瑞克附近的浓密松林里，一道高高的通电铁丝网围成一片军事禁区，里面有着56幢漆成绿色的楼房，侦察机从空中难以发现。戈林空气动力学研究所就隐藏在这里。戈林，纳粹头子，德国空军司令，这个空气动力学研究所直属戈林，上千名德国科学家在这里从事研究。空气动力学是航空工程的基础。冯·卡门、钱学森都是空气动力学家，所以他们非常详尽地考察了这个密林中的研究所。钱学森仔细检查高速风洞、实验室和所属工厂等总共50多处伪装良好的建筑物。这里设有研究导弹、飞机引擎的成套设备。美国国防部科学咨询团从这个研究所里查获了300万份秘密研究报告，重达1500吨的成套仪器，全部运回了美国。

钱学森和国防部科学咨询团的成员们一起，在这里提审了德国科学家，考察了设备，分析了技术成果。这些考察成果，对于美国空军，对于加州理工学院喷气推进实验室，都极具参考价值。其中最为重要的，就是在这里见到了"消失"多年的德国同行——空气动力学家阿道夫·布斯曼。

阿道夫·布斯曼是德国著名空气动力学家普朗特的学生，而冯·卡门也是普朗特的学生，只是阿道夫·布斯曼比冯·卡门年轻得多。

阿道夫·布斯曼第一次引起外界注意，是在1935年罗马举行的沃尔它高速航空研讨会上。普朗特也出席了会议。阿道夫·布斯曼在这次会议上，首次打破当时飞机都是直翼式的陈规，提出了“后掠式”机翼的设想，认为这是飞机通向高速之路的重要改革。冯·卡门后来在一篇文章中写道：“在这次会议上，最精彩的论文出自一位年轻的德国人之手，他就是阿道夫·布斯曼博士。”

奇怪的是，此后多年，阿道夫·布斯曼再也没有在公共场合露面，他“消失”了。

在不伦瑞克的密林里，冯·卡门见到阿道夫·布斯曼，才知道这么多年阿道夫·布斯曼就“隐藏”在这里，在从事后掠式飞机的研究。

在第二次世界大战后期，美国和英国的战斗机飞行员惊讶地发现，德国的ME262型喷气战斗机，机翼改成45度后掠式，速度非常快。在1941年，ME262型喷气战斗机的速度就已经达到每小时998公里。在当时，这是了不起的速度。这就是阿道夫·布斯曼对德国的贡献。

在不伦瑞克，面对冯·卡门率领的国防部科学咨询团，阿道夫·布斯曼是受审者。在国防部科学咨询团之中，乔治·希瑞尔是飞机设计师，当时他正在设计一种新型高速轰炸机。他在仔细阅读了阿道夫·布斯曼的论文和风洞试验数据，并与阿道夫·布斯曼本人进行了讨论后，马上决定取消新型高速轰炸机的直翼，改为后掠式。回到美国之后，乔治·希瑞尔设计、制造了美国第一架后掠翼轰炸机B 47。这就是国防部科学咨询团在不伦瑞克密林中的重大收获之一。后来，乔治·希瑞尔成为美国波音飞机公司副总裁。

阿道夫·布斯曼从阶下囚变为座上宾，他担任美国航空航天局（NASA）高级顾问15年之久，1963年，受聘为美国科罗拉多大学教授。

苏联人也注意到阿道夫·布斯曼的研究成果，把自己的战斗机改为后掠翼，大大提高了飞行速度。

具有讽刺意义的是，朝鲜战争爆发之后，美国的F 86后掠翼战斗机和苏联米格15后掠翼战斗机在朝鲜上空打得不可开交，这两种战斗机的设计都是阿道夫·布斯曼的研究成果。

接着，国防部科学咨询团来到由美军占领不久的哈尔茨山区的诺德豪森进行考察。那里是纳粹的火箭、导弹基地。美军抢先占领了这一军事要地。苏军是在三个星期之后进入这一原本划给苏军的地区。就在美军占领诺德豪森这短暂的空隙，国防部科学咨询团深入这里，考察了藏在地下的导弹生产工厂。虽说在那里的考察时间相当匆促，因为必须在苏军到来之前结束，但是这一考察收获了纳粹德国的V-1、V-2火箭重要的第一手资料。

冯·卡门和钱学森理所当然关注冯·布劳恩的命运。他们得知，冯·布劳恩已经率一大批德国火箭专家向美军投诚，并被美军妥善安排在慕尼黑城郊的美军军营保护起来，便期待着在慕尼黑能够见到这位心仪已久的德国头号火箭专家。

国防部科学咨询团非常希望能够前往佩内明德实地考察，那里是纳粹经营多年的另一个火箭、导弹基地，但是苏军的先头部队已经占领那里，只得作罢。

一张历史性的照片

一张历史性的照片，记录了世界三代空气动力学家在德国

穿着美军上校制服的钱学森（中）和导师冯·卡门（右）在德国哥廷根会见普朗特

普朗特

哥廷根的会面。在照片上，冯·卡门微笑着，坐在中间、戴着美军军帽的钱学森也面带笑容，而德国著名空气动力学家普朗特则面无表情，大檐呢帽压得低低的。

钱学森的学生宋健曾经这样论及这次会面：

> 普朗特、冯·卡门、钱学森三代，为三个不同国家做成了导弹：普朗特为希特勒，冯·卡门为美国，我们的钱学森为中华人民共和国。

冯·卡门的青年时代就在德国哥廷根大学度过，在名师路德维希·普朗特[①]教授的指导下获得博士学位。普朗特对于冯·卡门的师恩，犹如冯·卡门对于钱学森。

---

① 普朗特常易与普朗克混淆，他俩同为德国著名科学家，而且差不多同时代。其实，普朗克是著名量子物理学家，发现并提出热力学的第二定律，普朗克常数就是以他的名字命名的。

然而，这一回，冯·卡门在德国哥廷根，并不是带着感恩的心情去拜访当年的导师普朗特，而是以美军少将的身份审讯普朗特！因为冯·卡门被纳粹赶往美国之后，他与导师普朗特在政治上已是分道扬镳、各为其主了。冯·卡门效忠于美国，而普朗特则效忠于纳粹德国。眼下，美国是战胜国，而德国沦为战败国。

普朗特是世界公认的近代流体力学的奠基人，有着“空气动力学之父”的美誉。特别是他认为研究空气动力学必须做模型实验。1906年普朗特设计、建造了德国第一个风洞，从此风洞成为空气动力学必备的研究手段。

在希特勒上台之后，特别是在第二次世界大战期间，作为著名空气动力学专家的普朗特与戈林的帝国空军军部有着密切的合作关系。这样，普朗特对法西斯发动的不义之战，有着不可推卸的责任。他接受了冯·卡门和钱学森的审讯。

普朗特叹道，作为科学家，他是被迫走上与纳粹合作的道路的。

海因里希·希姆莱在德国是一个铁腕人物，一个不可一世的人物。只要看看他担任过的职务，就可以知道他的厉害：纳粹党卫队队长、党卫队帝国长官、纳粹德国秘密警察（盖世太保）首脑、警察总监、内政部长，他还兼任德国预备集团军司令、空军总监等要职。

希姆莱以空军总监的身份，召见了普朗特教授，要求他为空军制造超音速喷气飞机服务。凭借科学家的良心，普朗特婉拒了纳粹头目希姆莱的要求。但是，没几天，普朗特的助手和几名优秀学生都被盖世太保逮捕。普朗特迫于无奈，只得在希姆莱面前低头……

令冯·卡门和钱学森惊讶的是，曾经为纳粹德国出了大力的普朗特，却问冯·卡门："今后我们的研究经费，是否从美国来？"在普朗特的眼里，"有奶便是娘"，他手中的科学是谁给钱就可以为谁服务。

后来，冯·卡门在晚年口述的回忆录中这样道及：

> 我发现，是钱（引者注：即钱学森）和我在哥廷根共同审问我昔日的老师路德维希·普朗特。这是一次多么不可思议的会见啊。现在把自己的命运和红色中国联系在一起的我的杰出的学生，与为纳粹德国工作的我的老师会合在一起，我们经历的是一个多么奇特的境遇……

通过冯·卡门的介绍，普朗特认识了钱学森。普朗特对冯·卡门说，很巧，他也有一位中国的女研究生，叫陆士嘉。

普朗特请陆士嘉来，跟钱学森见面。

陆士嘉是苏州人，跟钱学森同龄，她在1938年进入德国哥廷根大学学习。她要拜普朗特为师，而普朗特却因她是中国人而且又是女性，不愿接收她为研究生。陆士嘉提出，让普朗特对她进行一次考试。普朗特惊讶地发现，陆士嘉的成绩是那么优秀，于是接收她为研究生。在普朗特的指导下，陆士嘉完成论文《圆柱射流遇垂直气流时的上卷》，获得了博士学位。陆士嘉后来在1947年7月回国，在天津北洋大学航空系任教。新中国诞生后，她是北京航空学院第一任空气动力学教研室主任，成为中国第一个空气动力学专业的主要奠基者之一。她还翻译出版了普朗特所著《流体力学概论》一书。

提审德国“火箭之王”

冯·卡门和钱学森在德国哥廷根提审普朗特之后，紧接着在慕尼黑提审了德国“火箭之王”冯·布劳恩。

慕尼黑位于阿尔卑斯山北麓，依山傍水，是一座景色秀丽的山城。慕尼黑是巴伐利亚州的首府，是德国南部第一大城市。在德国，慕尼黑是仅次于柏林和汉堡的第三大城市。

慕尼黑也是希特勒的发迹之地，希特勒曾在这里建立最初的法西斯武装冲锋队和党卫军，成立国社党。

当国防部科学咨询团到来时，这里到处断壁残垣，因为美、英盟军的空军曾经对慕尼黑施行66次轰炸。

在慕尼黑附近的小镇奥伯阿梅高的美军军营里，冯·卡门和钱学森提审了冯·布劳恩。虽说冯·卡门和钱学森早就听说这位V-1、V-2火箭的总设计师的大名，但这一回是第一次见面。

个子高大的冯·布劳恩非常年轻，比34岁的钱学森还小一岁。他的英语很差，幸亏冯·卡门能够讲一口纯熟的德语，钱学森也能听懂德语，所以他们能够很好地交流。

冯·布劳恩一开始，面对冯·卡门和钱学森说了这么一段话："我知道我们（纳粹德国）创造了一种新的战争模式，问题是现在我们不知道，应该把我们的才智贡献给哪个战胜国。我希望地球能避免再进行一场世界大战，我认为只有在各大国导弹技术均衡的条件下，才能维持未来的和平。"

冯·布劳恩讲述了他自己从事火箭研究的经历……

1912年3月23日，冯·布劳恩出生于德国维尔西茨。他的父亲是德国农业大臣，对天文极有兴趣。

六岁生日那天，母亲送给冯·布劳恩一副天文望远镜，使他从此对浩瀚的宇宙产生了浓厚的兴趣。16岁那年，他读了《飞往星际空间的火箭》一书，幻想乘坐火箭遨游太空，成为德国太空旅行协会最年轻的成员之一。他打算报考柏林工业大学学习航空工程，听说进入这一专业必须有很好的数学基础。原本他对数学毫无兴趣，为此下了一番苦功夫，后来居然以优异的成绩考入这一日思夜想的专业。

德国太空旅行协会类似于马林纳、钱学森当年组织的火箭俱乐部，是由一批年轻的"火箭迷"所组成的民间性质的业余爱好组织。最初，他们所试验的，充其量也只是"玩具火箭"罢了。就在太空旅行协会的火箭迷们幻想如何用火箭进行太空旅行时，德国军方注意起他们来。

德国军方重视火箭研究，早于美国军方，这也许就是德国火箭的研制水平远远超过美国的原因。早在1929年秋，德国陆军就已经在研究“利用喷气推进火箭运载炸弹的可能性”。德国陆军炮兵局研究与发展部主任卡尔·贝克尔少将把研制火箭的任务交给了瓦尔特·罗伯特·多恩伯格上尉。

1932年，布劳恩大学毕业，他还学会了驾驶飞机，获得了飞机驾驶执照。就在这时，太空旅行协会的四个小伙子冯·布劳恩、鲁道夫·内贝尔、克劳斯·里德尔和瓦尔特·里德尔，应多恩伯格的邀请，入住柏林附近陆军库莫斯道夫炮兵试验场。多恩伯格在那里建立了“陆军火箭研究中心”。这时候，冯·布劳恩才20岁！

虽然冯·布劳恩知道军方研制火箭的目的是“利用喷气推进火箭运载炸弹”，但是他明白，不借助于军方的财力，凭借他们这几个小伙子是很难研制真正意义上的火箭的。冯·布劳恩全身心投入军方的研制火箭工作，其最终目的仍是太空旅行！

一次又一次的计算，一次又一次绘制图纸，一次又一次试制火箭，一次又一次的失败，其中有一次火箭爆炸甚至导致三人当场炸死！冯·布劳恩和他的伙伴们经过两年的研制，在1934年12月，终于成功地发射了第一枚用液体燃料推进的火箭——A-2型火箭。A-2火箭的升空高度达1.8公里，这是当时世界上升空高度最高的火箭。

这一成功引起德国军方的极大兴趣，认为火箭能够比威力最大的加农炮射程高出一倍。

于是，1936年，德国军方在多恩伯格主持下，在佩内明德兴建秘密的火箭研制基地，其中包括研究实验室、试验台、风洞、居住村以及集中营。那里集中营中的囚犯，成为建设火箭研制基地的劳动力。

1937年5月，冯·布劳恩领导的火箭研究团队从库莫斯多夫迁到佩内明德，担任技术部主任。冯·布劳恩成为佩内明德基地的首席火箭科学家，“导弹鼻祖”，这时他才25岁！

冯·布劳恩讲述的一个细节，给冯·卡门和钱学森留下深刻的印象：

那是在1939年3月23日，他的27岁生日，希特勒参观了竖立在发射台上的火箭，布劳恩被指定给元首讲述火箭技术原理。布劳恩极其认真细致地向希特勒讲解，他发现，希特勒心不在焉。然而，当他讲到火箭的军事用途的时候，希特勒判若两人，双眼发亮，耳朵竖了起来！

冯·布劳恩的讲解，引起希特勒的格外重视，他把导弹视为最新式的武器，克敌制胜的重要法宝。

于是，火箭的研制成了纳粹德国的重大军工项目。

1942年10月13日，V−1火箭试射成功。V−1火箭被称为“飞翔的炸弹”（the flying bomb），即巡航导弹的雏形。两个月后，V−2火箭试射成功。V−2火箭是地对地导弹的雏形。

1942年12月，希特勒在观看了V−2火箭的试射后，亲自下令把V−1火箭、V−2火箭列入批量生产，并作为针对伦敦的“复仇武器”。

1943年7月，冯·布劳恩为希特勒放映了V−2火箭的发射实况影片并作现场解说，希特勒授予他“荣誉教授”称号。

在“元首”的命令下，V-1火箭和V-2火箭一下子就生产了上千枚以至上万枚。这两种火箭袭击伦敦，震惊了世界，而这时冯·布劳恩感到自责，但是已经为时太晚……

冯·布劳恩应钱学森的要求，写出书面报告《德国液态火箭研究与展望》。

通过审讯冯·布劳恩，冯·卡门和钱学森等还获悉了一个令他们震惊的情报——德国已经在着手研制一种射程可以达到3000英里的远程导弹，美国纽约竟然在它的射程之内。

1945年6月20日，美国国务卿赫尔致电感谢冯·卡门调查团所做出的贡献，批准将冯·布劳恩等德国科学家尽快带回美国。

1945年9月16日清晨，灰色的美国运兵船“阿根廷”号驶进了纽约港。船上除了几千名回国的美军士兵之外，还有一支来自德国由120名成员组成的“交响乐乐队”。其实，这支德国“交响乐乐队”的成员，清一色都是德国火箭专家！

他们到达美国的第二天，《纽约先驱论坛报》这样报道：“一群德国人被带到美国，他们将为美军运输部队开车。”

美国军方对德国导弹专家来到美国守口如瓶，这一方面出于军事上的保密，另一方面也担心一旦消息泄露，会遭到“把纳粹分子带回美国”的骂名。直到很晚很晚，这些“交响乐乐队”的成员由于对美国作出巨大的贡献，在受到美国政府表彰时，才逐一公开亮相。

作为“头号宝贝”，作为在德国获得的最重要的“头脑财富”，冯·布劳恩是被美军用飞机秘密送到美国的。

冯·布劳恩刚到美国的那些日子，常常受到监视。一次，当他发现一名联邦调查员跟踪自己的汽车时，他说：“我唯一不喜欢美国的一点是他们到处跟踪我。”不过，冯·布劳恩也很无奈，他毕竟来自纳粹德国，何况原本还是纳粹党员。常言道，“用兵不疑，疑兵不用”。但美国人要用他这“疑兵”，一边用，一边“疑”。

1958年1月31日，由冯·布劳恩设计的“丘比特C”火箭成功地把美国第一颗人造地球卫星“探险者1号”送上太空。《时代》杂志把冯·布劳恩当成了封面人物，美国总统艾森豪威尔还向他颁发了“美国公民服务奖”。从此，冯·布劳恩在美国昂起头来，再也不是“疑兵”，再也没有“二等公民”的自卑感。

1961年5月25日，美国宣布实施“阿波罗”载人登月计划。冯布劳恩成为总统空间事务科学顾问，分管“阿波罗”工程。

1969年7月，由冯·布劳恩设计的世界上最大火箭“土星

美国时代周刊封面人物冯·布劳恩

5号”第一次把人送上了月球。宇航员尼尔·阿姆斯特朗在月球上踩出人类第一个脚印。与阿姆斯特朗通话的控制中心官员情不自禁高呼：“你踩下的脚印也是冯·布劳恩博士的足迹！”冯·布劳恩顿时成为美国家喻户晓的英雄。冯·布劳恩也终于实现了他的太空旅行之梦。

1977年6月16日，冯·布劳恩因患肠癌在弗吉尼亚州的亚历山大医院与世长辞，终年65岁。冯·布劳恩为研制美国的航天飞机奉献了最后的心力。

冯·布劳恩的成功，印证了美国总统里根的一句话：“我们美国是一个由外来移民组成的国家。我们的国力源于自己的移民传统和我们欢迎的异乡侨客。这一点为其他任何一个国家所不及。”

就在冯·布劳恩等在美国大展宏图的同时，那些主管导弹发射的纳粹头子作为战犯却被押上了审判台。

36岁那年双喜临门

对于36岁的钱学森来说，1947年是双喜临门的一年：他晋升为麻省理工学院的正教授，终身教授；他结婚了。

钱学森从副教授到教授的时间是那么的短暂：从1943年至1945年，钱学森的职称是航空学助理教授（Assistant Professor of Aeronautics）。1945年冬，钱学森在加州理工学院升为副教授。才过了一年多，1947年2月，他经冯·卡门推荐，不仅成为麻省

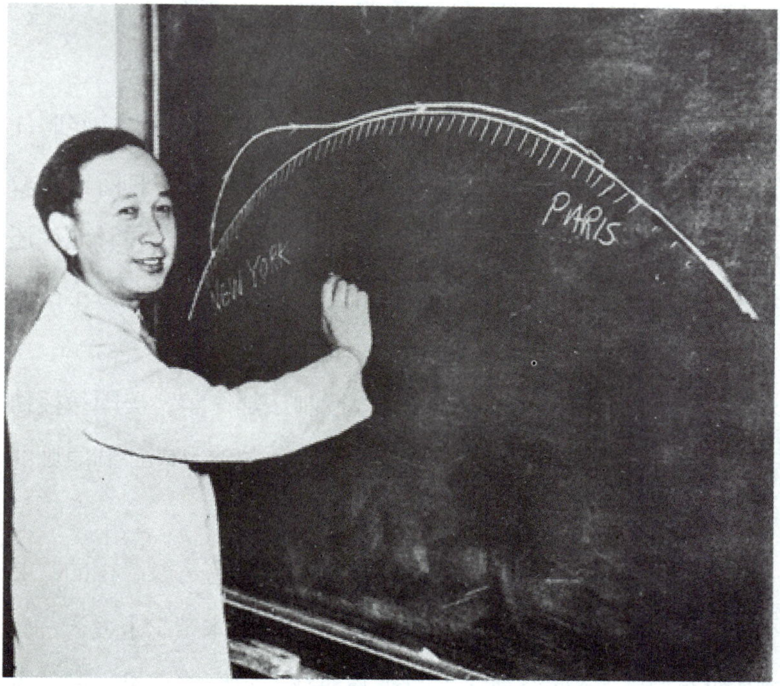

钱学森在加州理工学院讲课

理工学院的正教授，而且同时成为该校最年轻的终身教授。通常，当时在美国从副教授到教授需要三年或者更长的时间。

冯·卡门教授在推荐书中写道：

> 钱博士在应用数学和数学物理解决气体动力学与结构弹性的难题方面，绝对是同辈中的佼佼者……他人格成熟，堪当正教授之责，也是一位组织能力极强的好老师。他对知识和道德的忠诚，使他能全心奉献于科学。

教授并不等同于终身教授。麻省理工学院有数百位教授，但是每个系一般只有 2 ~ 3 名终身教授。

所谓终身教授，也就是中国人所说的“铁饭碗”。一经聘任后，终身教授的聘期可以延续到退休，不受学校各种阶段性教学、科研工作量的考核，而且没有被解聘的压力，同时他们还享受学校颁发的终身教授津贴。只要你不犯法，大学是不能解聘终身教授的。

美国在1940年开始实行终身教授制。那一年，美国教授协会和美国学院协会发表了《关于学术自由与终身聘任制原则的1940年声明》，正式确认了终身教授制。

当然，在美国要晋升为终身教授，条件也是很严格的：必须要在大学工作满6年；必须在本领域权威学术杂志上发表一定数量的论文；必须得到学生的普遍拥戴，同事的认可；必须通过自己的努力获得国家或者社会提供的相当数量的科研基金等。

钱学森应邀在航空系大厅举行题为《飞向太空》的报告。麻省理工学院院长主持这一报告会。除了麻省理工学院的教授、学生之外，来自方方面面的同行、中国友人等出席报告会。特别引人注目的是，五角大楼的军界代表也出席了报告会。

钱学森讲述火箭的历史、火箭的原理、火箭的发展现状、火箭的诱人前景——带领人类飞向太空。他还特别讲述了用核能燃料助推火箭的可能性。

钱学森的报告内容新颖，引起与会者的关注和兴趣。这次报告，是钱学森作为终身教授第一次在麻省理工学院亮相。

钱学森决定在1947年暑假回国探望父亲。诚如冯·卡门后来在回忆录中所写的：

1947年2月，我愉快地推荐他为麻省理工学院正教授。此后不久，钱收到从中国的来信，说他的母亲去世了[①]。他决定回祖国去安抚年迈的父亲。这是他12年来第一次回国。

几个月后，在一封长信里他十分详尽地告诉我他在祖国见到的人民贫困和痛苦。当时那里是在国民党人手里。信的结尾他顺便告诉我，他已经和一位名叫蒋英的姑娘在上海结婚，准备把她带来美国。她是一位具有歌唱家天才的可爱的世界主义者，曾在柏林研究过德国歌曲，后来在苏黎世接受一位匈牙利女高音歌唱家的指导。钱爱好音乐，看来他很幸福。我也感到高兴，他终于找到一位具有国际知识的妻子。

在离开美国之前，钱学森办好了美国绿卡（greencard），即美国永久居民卡（United States Permanent Resident Card）。绿卡，是用于证明外国人在美国拥有永久居民身份的一种身份证。拥有美国绿卡后，只要离开美国不超过一年，绿卡本身可以当作有效的入境移民签证，不需去美国大使馆或领事馆另外申请签证。根据美国国籍与移民法，绿卡持有者属于没有美国国籍，也不具美国公民身份的外国人，但其在美国境内基本享有和本

① 其实钱学森的母亲在钱学森出国之前就已经病逝。

国国民一样的待遇，不过没有选举权和被选举权。

钱学森在1935年前往美国留学时，作为清华大学公费生，当时持“中华民国”护照。在申请了美国绿卡之后，钱学森回到中国度假，之后不必再去美国大使馆办理赴美签证，就能顺利返回美国。

1947年7月，趁学校放暑假，钱学森向麻省理工学院请假，回国探亲。当时，飞越太平洋的航线（经停夏威夷）开辟不久，中美之间有了直达航班。钱学森从美国乘飞机抵达上海龙华机场，他的好友范绪箕（1980年任上海交通大学校长）专程从杭州赶来迎接他。

青梅竹马“燕双飞”

钱学森在36岁时结婚了。

钱学森的新婚夫人，竟然是他父亲钱均夫的干女儿，亦即他的干妹妹，姓蒋，名英。

蒋英原本是钱均夫的干女儿，怎么会从干女儿变成儿媳的呢？

此事说来话长……

先从蒋英的身世说起。

原来，蒋英也出身于“华丽家族”。蒋家和钱家乃世交。蒋家是浙江海宁望族，祖籍杭州。

蒋英的父亲名方震，后以字百里传世，人称蒋百里。蒋百里早年在杭州求是书院（浙江大学前身）读书时，与钱均夫是

蒋百里（1882~1938）

同窗好友，莫逆之交。1901年4月，蒋百里考入日本陆军士官学校，当时曾经托钱均夫照顾自己病弱的母亲，可见两人关系之密切。

翌年，钱均夫也到日本留学。归来之后，蒋百里任保定陆军军官学校校长，钱均夫任杭州府中学校长。

蒋百里有“五朵金花”，而钱均夫膝下只有独子钱学森。钱均夫与妻子章兰娟希望有个女儿，见蒋百里的三女儿蒋英活泼可爱，恳求蒋百里夫妇把蒋英过继给他们。

蒋百里夫妇慨然答应，于是钱家正儿八经办了酒席，过继蒋英，从此蒋英改名“钱学英”，并与奶妈一起住进了钱家。

那年“钱学英”五岁，钱学森十三岁，钱学森和“钱学英”以兄妹相称，两小无猜，青梅竹马。他俩还曾一起合唱《燕双飞》，博得两家的喝彩。

未几，蒋百里夫妇思念三女儿，还是把蒋英接回去了。

蒋英在晚年回忆说：

“他父亲和我父亲回国后，都在北京工作，两家常有来往。钱学森是他们家的独生子，我们蒋家有五个女儿。钱学森的妈妈非要跟我妈要一个女儿。我妈说：‘那你就挑一个吧！’他妈妈挑了老三，就是我。当时还请了几桌客，算我正式过继给钱家，从小跟我的奶妈也过去了，我的名字也改为钱学英。那时我才五岁，而钱学森已经十多岁了，跟我玩不到一块，我记得他会吹口琴，当时我也想吹，他不给我吹，我就闹，他爸爸问我怎么回事，我说大哥哥欺负我。他爸就带我到东安市场买了一把口琴给了我。

“过了一段时间，我爸爸、妈妈醒悟过来了，更加舍不得我，跟钱家说想把老三要回来。再说，我自己在他们家也觉得闷，我们家多热闹哇！钱学森妈妈答应放我回去，但得做个交易：你们这个老三，长大了，是我干女儿，将来得给我做儿媳妇。后来我管钱学森父母叫干爹、干妈，管钱学森叫干哥。我读中学时，他来看我，跟同学介绍，是我干哥，我还觉得挺别扭。那时我已经是大姑娘了，记得给他弹过琴。后来他去美国，我去德国，来往就断了。”

蒋百里是中国近代著名的军事理论家。1905年，他毕业于日本陆军士官学校步兵科，成绩为第一名。他又赴德国见习一年。在辛亥革命之后，1912年，30岁的蒋百里任保定军官学校校长，领少将衔。天津北洋武备学堂、保定陆军军官学校、广州黄埔军官学校三足鼎立，是中国三所军官名校。蒋百里一心要把保定陆军军官学校办成第一流的学校，无奈经费严重不足，一再向北洋当局申请，均无着落。蒋百里向袁世凯辞职，又不准。蒋百里为人刚烈，1913年6月18日清早，在全校两千多师生面前突然拔出短枪，对准胸部开枪自杀。全校师生大惊，紧急送医院治疗。袁世凯闻讯，急请日本公使馆派出医官和护士长左藤屋子幸赶往保定诊治。由于子弹未伤及要害，蒋百里经救治脱险，但是日本医官又发现蒋百里枕下有许多安眠药片。护士长左藤屋子幸力劝蒋百里万不可轻生，百般劝慰。两人竟然因此产生爱慕之情！

1914年秋，蒋百里与左藤屋子幸小姐结婚，左藤屋子幸改名蒋左梅。左藤屋子幸小蒋百里八岁，日本北海道人。毕业于日本护士助生专门学校，然后又在帝国大学产科学习过五年。蒋百里喜欢梅花，为她取名字“左梅”之后，在家乡浙江硖石购地数亩种梅二百株，号曰“梅园”。

蒋百里与蒋左梅结婚之后，生下“五朵金花”：

长女蒋昭，曾经学习演奏小提琴，不幸早逝。

二女儿蒋雍，原在香港中文大学读书，抗战期间回国参加救护队，为伤员服务，后定居美国。

三女儿即蒋英。

四女儿蒋华，侨居比利时，兴办欧洲中山学校。1955年钱学森被软禁于美国，写信给中国人大委员会副委员长陈叔通求救，那封至关重要的信，就是寄到比利时蒋华那里，由她转寄

蒋百里的五个女儿

到中国。蒋华晚年回到北京。

五女儿蒋和，居北京。“文革”期间因父母亲的历史受到审查，蒋和在写交代材料中赫然写着“陈伯达是杂种”，吓得审讯者不敢将材料上交。

蒋百里作为中国的抗日将领，娶了日本妻子，在抗日战争期间备受风言风语之苦。左梅夫人在婚后不再说日语，在家中教女儿说汉语。

蒋百里先后担任袁世凯总统府一等参议、黎元洪总统府顾问、吴佩孚部总参谋长。

蒋百里不仅是武将，而且颇具文才，可谓文武双全。1918

年底到1919年，蒋百里随梁启超赴欧洲考察。回国之后，蒋百里写出《欧洲文艺复兴史》一书，请梁启超为之作序。

1923年，蒋百里与胡适一起创办了新月社，并同徐志摩结为至交。

1935年，蒋百里出任国民党军事委员会高等顾问，翌年奉蒋介石之命赴欧洲及美国考察。

1937年，蒋百里在庐山为国民党高级军官讲学，把讲稿写成《国防论》出版，首次提出了抗日持久战的军事理论。该书扉页题词是："万语千言，只是告诉大家一句话，中国是有办法的！"

1938年8月代理陆军大学校长（校长为蒋介石）。同年11月4日，蒋百里病逝于广西宜山，终年仅56岁，国民党政府追认为陆军上将。

抗日战争胜利后，左梅夫人雇船把蒋百里的灵柩从广西运到杭州安葬。

蒋家有女初长成

1935年，当24岁的钱学森准备远渡重洋前往美国留学之际，蒋百里带了女儿蒋英前去看望。

蒋家有女初长成。这位昔日的小妹妹，已经15岁了，亭亭玉立，举手投足全然是大家闺秀的风韵。

蒋英跟大哥哥钱学森很谈得来，尤其是谈论音乐。喜欢音

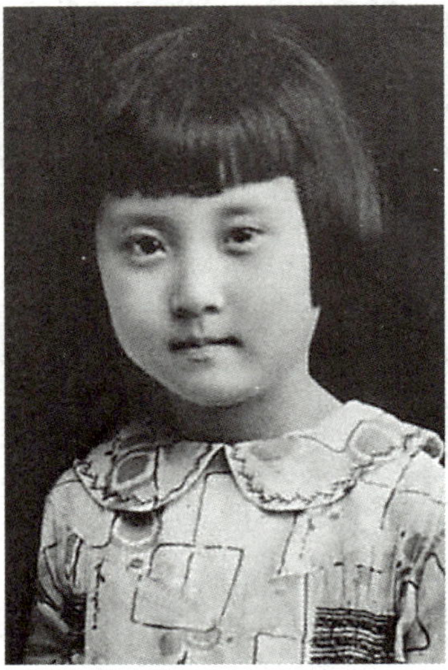

蒋英小时候

乐的她，已经弹一手好钢琴，而钱学森也喜欢音乐，他不仅是交通大学管弦乐队的队员，而且前不久——1935年2月，还在《浙江青年》第一卷第四期上发表了文章《音乐和音乐的内容》。

钱学森去美国的翌年，蒋百里以军事委员会高等顾问名义出访欧美各国考察军事。这是蒋百里继1906年留学德国、1918年底至1919年赴欧洲考察之后，第三次去欧洲。这次他带了夫人以及三女儿蒋英、五女儿蒋和同往。

他们乘坐意大利维多利亚号邮船前往意大利，然后经维也纳到达德国柏林。蒋百里把两个女儿蒋英、蒋和留在柏林贵族学校冯·斯东凡尔德学习。不久，蒋英考取国立柏林音乐大学声乐系，师从系主任、男中音海尔曼·怀森堡，学习西洋美声唱法。与此同时，她还学习德语、法语、意大利语和英语。

1936年蒋百里（右二）与夫人左梅（左二）暨女儿蒋英（右一）、蒋和（左一）在德国参观柏林动物园时合影。蒋百里在相片上题词赠女儿蒋英

1936年11月，蒋百里偕夫人左梅从欧洲飞往美国考察。他们到洛杉矶的时候，前往加州理工学院看望了钱学森。自去美国后，钱学森与蒋英失去了联系。蒋百里把蒋英的一张照片送给了钱学森，似乎有意让钱学森成为他的女婿。

那时候，钱学森已经在麻省理工学院获得航空工程硕士学位，然后转到加州理工学院跟随冯·卡门教授学习空气动力学。钱学森告诉蒋百里，父亲钱均夫不赞同他从航空工程改学航空理论，给他写信说："国家已经到了祸燃眉睫的重要关头，应在航空工程上深入钻研，不宜见异思迁，走上理论的途径。"

钱学森把自己的想法告诉了蒋百里。蒋百里细细听了之后，觉得钱学森的选择有道理。

1936年12月初，蒋百里和夫人回国。12月11日，蒋百里从南京飞赴西安向蒋介石汇报欧美之行。当天下午，蒋介石在华清池接见蒋百里，谈话一个多小时。不料，次日拂晓，就发生了震惊中外的“西安事变”。蒋百里也被东北军扣留，但很快就获释。他三晤张学良，力劝他释放蒋介石，为和平解决西安事变出了一份力。

在西安的两周里，蒋百里差不多每天都写信给在德国的女儿蒋英、蒋和，他在信中写道：

“今天，张（治中）将军又来了，备了一桌好酒菜，还有好烟，爸爸的胃口真好！”

“在那一段短期的俘虏生活中，好似一幕喜剧，那么多的军政大员都在扮演丑角，因为他们离开了权力，回到本来生活中，便显得软弱如婴孩，只得由环境来摆布了。只有爸爸是可以冷眼看事件的人，唯有爸爸同意张的主张，给予斡旋。”

“今天飞机轧轧声，南京有人飞到西安来了……”

“今天又一声轧轧，委员长回南京去了……”

“明天还有一声轧轧，你们的爸爸将离开这座古城飞回上海……”

蒋百里跟钱均夫见面，转达了钱学森的想法。蒋百里说：“学森的转向是对的，你的想法却落伍了。欧美各国的航空趋势，进于工程、理论一元化，工程是跟着理论走的。而且，美国是一个富国，中国是一个穷国，美国造一架飞机，如果有理论上的新发现，立刻可以拆下来改造过来，我们中国就做不到了。所以中国人学习航空，在理论上加工是有意义的。”

钱均夫听后，非常赞同蒋百里的见解，称赞说：“百里的头脑，一日千里，值得刮目相看。”

后来，作家曹聚仁在《蒋百里评传》里，记述了这件事。

1940年始，英国空军对德国进行轰炸，蒋英不得不离开柏林，转往中立国瑞士，在卢塞恩音乐学院学习。非常凑巧的是，钱学森在美国的导师是来自匈牙利的冯·卡门，而蒋英在瑞士的导师是匈牙利歌唱家依罗娜·杜丽戈。

1944年，即将毕业的蒋英在瑞士国际音乐节上演唱，她甜美的歌声深受好评。

蒋英音域宽广优美，成了德律风根公司的十年唱片签约歌手。德律风根公司历史悠久，1903年德意志联邦共和国通用电力公司和西门子公司联合成立了德律风根公司。能够被这家公司青睐，成为十年唱片签约歌手，表明蒋英具有相当高的演唱水平。

科学与艺术喜结良缘

第二次世界大战的硝烟终于散去。1946年，蒋英乘船回国，经过一个多月的海上航行，终于回到了上海。

1947年5月31日，由上海市政府交响乐团主办，钢琴名家马果斯基教授伴奏，27岁的蒋英在上海的兰心大戏院举行归国后第一次独唱音乐会，一时间成为上海媒体关注的歌坛新秀。

位于上海茂名南路的兰心大戏院，建于1930年，是一座典雅的欧式风格的建筑物。兰心大戏院是当年上海设施最完备的剧场，也是当时高贵的娱乐场所，晚上常有西方剧团演出或是音乐会，进出的男士身穿燕尾服，而女士则往往穿曳地长裙。

1947年6月2日，音乐评论家俞便民在上海《每日新闻》上发表评论指出：

> 蒋英的音乐会是本评论者听到的最佳音乐会之一，她也是近年来舞台上出现的青年女高音。蒋的歌喉是抒情的，她的特点是懂得如何运用她的嗓音，最令人信服的是她有音乐感……
>
> 她戏剧性的才华得到充分发挥，无论在音域和音量上，都掌握得极为出色，熟练的技术与丰富的经验，使得快速的滑音和花腔都显得极为轻巧和优美。
>
> 她卓越的歌唱艺术，加强了记者对中国艺坛感到必将吐射光华的信念……
>
> 演唱确实是有水平的，能在陌生人中发现一位知音，为我是真正的收获。

蒋英还应邀到杭州举行独唱音乐会。

1957年，查良镛在香港《大公报》所开的专栏“三剑楼随笔”中，写过一篇《钱学森夫妇的文章》，写及表姐蒋英：

> 歌唱音量很大，一发音声震屋瓦，完全是在歌剧院中

唱大歌剧的派头，这在我国女高音中确是极为少有的。

就在蒋英的歌声在上海上空飘荡的时候，“飞将军自九霄来”，钱学森从大洋彼岸乘坐飞机降落在上海。

关于火箭专家跟女高音歌唱家之间的恋爱，种种加油添醋的传说不足为凭。女主角蒋英曾用这么朴实的语言，叙述了恋爱的经过：

> 对于学森，我父亲倒是有些想法。他到美国考察，专门去了学森就读的学校，把我的照片给了他。
>
> 因为许久不见，后来再也没提这件事。我们之间没有联系。
>
> 他没朋友，一直到36岁。他是1947年回国的，当时他家人问我家人：“小三有朋友了吗？”我排行第三，他们都喊我“小三”。
>
> 我家奶妈说：“小三的朋友多着呢！”
>
> 其实，我那时候根本没有对象，追我的人倒是不少，我一个都没看上。
>
> 那时候，他父亲每周都送些杭州小吃来，学森不懂得送东西，倒是常来我们家玩。好多人让我们给他介绍女朋友，我和妹妹真给他介绍了一个。他坐在中间，不好意思看我们给他介绍的姑娘。可是他却一直跟我聊，我们倒是很谈得来。

后来，他老来我们家，嘴上说是来看望蒋伯母，实际上是看老三。他不懂怎么追姑娘，也不知拿点花来。

后来，他对我说："你跟我去美国吧！"

我说："为什么要跟你去美国？我还要一个人待一阵子，我们还是先通通信吧！"

他反反复复老是那一句话："不行，现在就走，跟我去美国。"

没说两句，我就投降了。

我妹妹知道后对我说："姐，你真嫁他，你不会幸福的。"我妹妹在美国和钱学森在一个城市，她讲起学森在美国的故事：赵元任给他介绍了一个女朋友，让他把人家这位小姐接到赵家，结果在路上他把人家小姐给弄丢了。赵元任说："给他介绍朋友真难。"

那时，我从心里佩服他，他才36岁就是正教授了，很多人都很敬仰他，我当时认为有学问的人就是好人。

蒋英，这个原本是钱家过继女儿的"钱学英"，最后还是嫁到钱家，变成钱家的儿媳，可谓良缘天成，佳话传世。她说，1947年她跟钱学森重逢之后，一见钟情，6个星期就结婚了。

1947年9月17日，钱学森和比他小八岁的蒋英在上海沙逊大厦举行隆重的婚礼。很多书误传为1947年8月30日在上海国际饭店14楼摩天厅举行婚礼。就连上海国际饭店的介绍中也说钱学森曾经在本店14楼举行婚礼。这次笔者根据原始文件——钱学

与钱学森结婚前夕的蒋英

森和蒋英的《结婚词》予以更正。

沙逊大厦（Sassoon House）位于南京东路外滩，是一幢10层的大楼，1929年竣工，以老板英国人维克多·沙逊的名字命名，成为当时上海最顶尖的旅馆兼饭店。那高达10米的墨绿色方尖形的屋顶，成为上海外滩建筑群中醒目的标志。1956年，沙逊大厦改称和平饭店。1992年，和平饭店被世界饭店组织列为“世界著名饭店”，中国仅此一家获此殊荣。

钱学森在沙逊大厦举行婚礼，从此与蒋英比翼齐飞，闯出一片新天地。

在婚礼上，他们郑重其事地宣读了《结婚词》。

这一良缘的男主角钱学森，几乎没有对外人披露过他追求

1947年钱学森和蒋英在上海的结婚照

蒋英的经过，但是多次谈及这位女高音歌唱家使他一生生活在幸福之中。

每当听到蒋英的歌声，钱学森总是说:“我是多么有福气啊！”

钱学森还说：“在我对一件工作遇到困难而百思不得其解的时候，往往是蒋英的歌声使我豁然开朗，得到启示。”

1991年10月16日，钱学森在人民大会堂授奖仪式上的即兴演讲中，这样公开谈论自己的妻子：44年来，蒋英给我介绍了音乐艺术，这些艺术里所包含的诗情画意和对人生的深刻的理解，使我丰富了对世界的认识，学会了艺术的广阔思维方法。

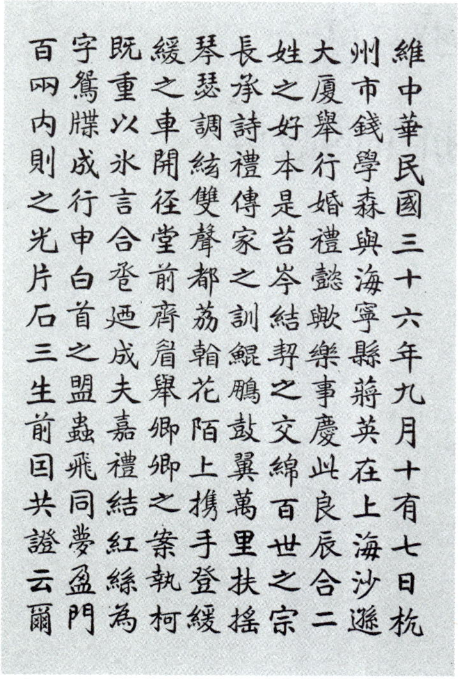
維中華民國三十六年九月十有七日杭
州市錢學森與海寧縣蔣英在上海沙遜
大廈舉行婚禮懿歟樂事慶此良辰合二
姓之好本是苔岑結契之交綿百世之宗
長承詩禮傳家之訓鯤鵬鼓翼萬里扶搖
琴瑟調絃雙聲都荔翰花陌上攜手登綏
綏之車開徑堂前齊眉舉卿卿之案執柯
既重以冰言合巹迺成夫嘉禮結紅絲為
字鴛牒成行申白首之盟蟲飛同夢盈門
百兩內則之光片石三生前因共證云爾

钱学森夫妇结婚词

或者说，正因为我受到这些艺术方面的熏陶，所以我才能够避免死心眼，避免机械唯物论，想问题能够更宽一点、活一点。当然，私底下，蒋英对上门拜访的朋友夸奖钱学森的一手好厨艺：“我们家钱学森是大师傅，我只能给他打打下手。”钱学森则俏皮地说：“蒋英是我家的‘童养媳’！”

第三章

抗争的故事

温馨的家庭

钱学森在上海结婚，然后在美国建立了温馨的家庭。

婚礼之后，钱学森于1947年9月26日先乘飞机离开上海，途经夏威夷，在檀香山办理进入美国的手续，然后从那里飞往美国波士顿，重返麻省理工学院。

一个多月后，钱学森在波士顿迎接新婚妻子蒋英的到来。

他们在麻省理工学院附近租了一幢房子，作为自己的新家。钱学森给蒋英买了一架黑色大三角钢琴，作为结婚礼物。

冯·卡门曾这样回忆新婚的钱学森："钱现在变了一个人，英，真是个可爱的姑娘，钱完全被她迷住了。"

蒋英则这样回忆说，1947年她去美国与新婚的丈夫钱学森会合，到美国的第一天，钱学森把她安顿好后，就去麻省理工学院上课去了，蒋英独自一人待了一天。晚上回来，钱学森带她去外面吃饭，回到家，八点多钟，钱学森泡了一杯茶，对蒋英说了一句话："回见！"便独自走进了书房，关上了门，灯光一直亮到夜里十二点。这种习惯，钱学森保持了六十多年。

钱学森的好友郭永怀，特地和夫人李佩一起从康奈尔大学到波士顿看望钱学森和蒋英。当时，李佩已经与郭永怀结婚。郭永怀和李佩在宾馆住下之后，来到钱学森家中。

李佩回忆说[①]，钱学森家的客厅很大，最显眼的是安放着一架崭新的大钢琴，那是钱学森买给蒋英的结婚礼物。钱学森说起1947年暑假回到中国，在交通大学、清华大学、浙江大学作讲座，在上海举行婚礼。

那天，钱学森夫妇在家中宴请郭永怀夫妇，钱学森亲自下厨炒菜，蒋英给钱学森当下手，李佩这才知道钱学森能做一手好菜，是一位美食家。那一回，两对新婚夫妇在波士顿度过愉快的一天。

几年之后，美国专栏作家米尔顿·维奥斯特在《钱博士的苦茶》一文中写道：

> 钱和蒋英是愉快的一对儿。作为父亲，钱参加家长、教员联合会议，为托儿所修理破玩具，他很乐意于尽这些

① 2010年5月15日上午叶永烈在中国科学院力学研究所采访郭永怀先生91岁的夫人李佩。

1949年钱学森与夫人蒋英在美国出游（郭永怀摄）

责任。钱的一家在他们的大房子里过得非常有乐趣。钱的许多老同事对于那些夜晚都有亲切的回忆。钱兴致勃勃地做了一桌中国菜，而蒋英虽也忙了一天准备这些饭菜，却毫不居功地坐在他的身边。但蒋英并不受她丈夫的管束，她总是讥笑他自以为是的脾性。与钱不一样，她喜欢与这个碰杯，与那个干杯。

蒋英则这样回忆说：

　　那个时候，我们都喜欢哲理性强的音乐作品。学森还喜欢美术，水彩画也画得相当出色。因此，我们常常一起去听音乐，看美展。我们的业余生活始终充满着艺术气息。不知为什么，我喜欢的，他也喜欢……

1948年，钱学森被推选为全美中国工程师学会的会长。

他完成了《关于火箭核能发动机》的论文，是世界上第一篇关于核火箭的论文。

1948年10月13日，他们的儿子出生于波士顿。按照钱家宗族辈分“继承家学，永守箴规”的取名规划，钱学森的儿子属于“永”字辈，取名钱永刚，钱学森希望儿子是一个刚强的男子汉。

来自延安的“红色”挚友

1949年初夏，钱学森随冯·卡门一起返回加州理工学院。钱学森出任该院喷气推进中心主任，同时担任航空系教授，兼任喷气工程公司的顾问。

钱学森在加州理工学院安家之后，有一位老朋友几乎每个周末都来钱学森家，或者是共同欣赏音乐，或者是聊天。

钱学森当时并不知道这位老朋友的真实政治身份。说实在的，要讲清楚这位老朋友的真实政治身份也真不容易：当时他名义上并不是中国共产党党员，但是他却曾经在延安工作，跟周恩来、董必武这样的中共领导人有着相当密切的关系，而且还受到过毛泽东主席的接见。虽然他名义上并不是中国共产党党员，却担负着中国共产党的统战工作任务！

他跟钱学森交情匪浅，成为钱学森家的常客，对钱学森产生了深刻的影响。

若干年之后，他才公开亮出了政治身份——中国共产党党员。然而他又不是一般意义上的中共统战干部，是货真价实的科学家。他后来既成为中国科学院院士，又成为中国工程院院士——这“两院院士”充分表明他是中国第一流的科学家。他甚至是中国工程院六名发起人之一，关于建立中国工程院的报告就出自他的笔下。他被誉为“新中国电子产业的奠基人”，又有着“红色科学家”之称。

他的科学家的身份向来是公开的，而他的中国共产党党员身份最初是保密的。正因为这样，他当时在美国的中国留学生之中做统战工作，可以说是如鱼得水。

当时的钱学森，对于国共双方来说，都是重要的争取对象。钱学森在国民党方面，有许多朋友，广有人脉。钱学森出自杭州豪门，而他的岳父蒋百里又是国民党高官，所以国民党方面把他看作“自己人”，以为蒋百里的女婿不可能去投奔共产党。钱学森1947年回国期间，国民党方面就通过北京大学校长胡适、教育部长朱家骅、清华理学院院长叶企孙等做钱学森的工作，希望钱学森站到国民党一边来。

钱学森跟中国共产党的交往倒是不多。但是随着解放战争的节节胜利，即将在中国执政的中国共产党，非常重视钱学森，把钱学森作为重要的争取对象，主动派人做钱学森的思想工作。

尽管钱学森远在美国，那位有着神秘色彩的中国留学生，受中国共产党派遣来到美国，做争取留美中国学生、学者、教授回国的工作，特别是做钱学森的思想工作。

1948年在中共党组织领导下，在留美学生中建立了“留美科技人员协会”。该协会的任务就是动员留美人员回国。那位成为钱学森家中座上客的人物，是该协会的积极活动分子，是加州理工学院“留美科技人员协会”分会的负责人。

他便是罗沛霖，原名罗霈霖，在延安时期化名“罗容思”。在加州理工学院，罗沛霖与钱学森的学生郑哲敏住在同一套公寓里。

罗沛霖小钱学森两岁，1913年生于天津。他跟钱学森相似，乃名门望族之子。父亲罗朝汉，天津名流，有着双重身份，即画家和电讯学家。

罗朝汉是天津有相当名气的画家，善画兰竹。罗沛霖的母亲孙梦仙也擅长诗画，著有《梦仙诗画稿》。

不过，画画并非罗朝汉的正业。电讯学才是他的正业。他是中国早期电信界元老，做过天津电报局局长、北京电话局局长。罗朝汉和罗沛霖的舅父孙洪伊在天津设立了天津电报学堂（1904～1934），是我国北方最早培养电讯人员的学校。

孙洪伊是天津早期的同盟会会员，曾任孙中山大元帅府（广州）内务总长，1922年孙中山与李大钊的第一次会见就是在孙洪伊的上海寓所进行的。

罗沛霖是罗家“少爷”，从小过着优裕的生活。受父亲的影响，他从小就喜欢玩电报、电话。

和钱学森一样，罗沛霖天资聪颖，而且受到最好的教育，在天津最好的中学上学。高中毕业之后，罗沛霖居然同时被三所当时中国的名牌大学——清华大学、交通大学和南开大学录取。罗沛霖最终选择了交通大学，原因是交通大学设有他最喜爱的电讯专业。

1931年罗沛霖从天津来到上海，进入交通大学电机系。罗沛霖跟钱学森不同系、不同班，却成为好友。

罗沛霖是怎么跟钱学森认识的呢？

有一天，罗沛霖到南开中学老同学郑世芬的宿舍串门。当时，郑世芬读电机系二年级，比罗沛霖高一年级。跟郑世芬同寝室住的，正是在机械系二年级就读的钱学森。就这样，罗沛霖结识了钱学森。一聊起来，得知彼此都曾经在北京师范大学附属小学读书，一下子亲近了许多。大约是家庭背景相似，气质相投，何况两人都是音乐“发烧友”，这两位不同系、不同班的年轻人，成了好朋友，经常在一起交谈。钱学森参加了学校的铜管乐队，是主力圆号手，而罗沛霖则喜欢跑上海的北京路旧货店买旧唱片。课余，两人聚在一起欣赏音乐、谈论音乐，有时候还一起去音乐厅听音乐会。

钱学森学业勤奋，门门功课都优秀。罗沛霖是一个特立独行的人，听课心不在焉，连听课笔记都不记。到了考试时，应付一下，所以成绩平平。罗沛霖只对电讯感兴趣，大量阅读电讯书刊，花费大量的时间进行深入钻研。

大学时代的罗沛霖

罗沛霖总是夸奖钱学森学习成绩名列前茅，而钱学森则对罗沛霖说："你也是能够考得很好的，但你却不屑去追求。"

确实，以罗沛霖那样的才华，完全可以拿到高分，他却不屑于此，自称是一个"偏才"，凭兴趣学习。

钱学森和罗沛霖谈得来，还在于彼此都富有正义感，高度关注国家的命运。罗沛霖一直记得钱学森对他所说的一句很深刻的话："中国的政治问题不经过革命是不能解决的，光靠读书救不了国。"

在交通大学当年的毕业生之中，罗沛霖是很另类的一个。很多毕业生希冀到外国留学，而罗沛霖居然奔赴延安！

1935年罗沛霖从交通大学毕业之后，先是到国民党广西第四集团军无线电厂担任电子工程师，每月120块大洋。一年多后，他不满于国民党军队无能和腐败，在同学孙以德（友余）、周建南的影响之下，他做出了在当时相当难能可贵的人生选择——奔赴红都延安。

孙以德后来以孙友余这一名字传世。1937年孙以德肄业于交通大学，1938年赴延安并于同年加入中国共产党，历任中央军委三局器材厂技术指导员、通信学校中队长，1940年后在中共中央南方局任秘密交通，新中国成立后任第一机械工业部副部长、国务院机械工业委员会副主任。

周建南也肄业于交通大学，1938年赴延安，1940年加入中国共产党，长期从事统战和情报工作，新中国成立后任第一机械工业部部长、国家进出口委员会副主任、中央财经领导小组顾问。他的长子周小川，曾任中国人民银行行长。

罗沛霖来到西安七贤庄八路军办事处，诉说要求前往延安，受到林伯渠的接见。当时延安正缺罗沛霖这样的电讯专家。1938年3月，罗沛霖来到延安，这才知道当时延安只有一个电台，是从国民党军队那里缴获得来的。由于没有专业的技术人员，发射机坏了没有人修理，只剩下了半部接收机来监听敌人的情报。罗沛霖的父亲当年就是天津电报局局长，所以罗沛霖对于电台、对于无线电收发报机的技术非常娴熟，三下五除二，就修好了电台。罗沛霖在延安充分发挥自己的专长，成为难得的技术专家。他担任延安通讯材料厂工程师，在极其艰难的条件之下，成批生产电台，到了1938年年底之前，也就是罗沛霖来到延安不过七个多月，居然生产了60多部电台，使八路军以及中共地下组织跟延安之间有了快捷的联络工具，大大改善了通讯局面。当时八路军总司令朱德每月只有5块大洋的津贴，而给予罗沛霖这样的工程师每月津贴是20块大洋。

罗沛霖回忆说：

> 自从奔赴延安参加革命起，我就时刻以一名共产党员的标准来努力要求自己。1939年，党组织“撒”我到大后方重庆去经受锻炼和考验。在当时的白色恐怖笼罩下，我坚持参加地下党组织的各项活动，努力完成组织委派的任务。

在重庆，罗沛霖在周恩来领导下从事地下工作。他向中共中央南方局领导董必武（后来曾任中华人民共和国国家副主席）和徐冰（后来曾任中共中央统战部部长）申请加入中国共产党。经过董必武和徐冰研究之后，徐冰正式通知罗沛霖：“为了便于做统一战线工作，根据董老的意见，决定你留在党外，做党外布尔什维克。组织上是按照一名党员的标准来要求你的，组织上是信任你的。”

也就是说，罗沛霖虽然名义上不是中国共产党党员，实际上已经成为中国共产党党员。直到1956年3月，罗沛霖才不再做“党外布尔什维克”，正式加入中国共产党。

在重庆，罗沛霖不仅在周恩来领导下工作，跟周恩来有许多接触，而且在1945年8月毛泽东来到重庆谈判时，还在红岩村受到毛泽东的接见。

罗沛霖这位“红色科学家”，又是怎样来到美国、来到钱学森身边的呢？

1947年，罗沛霖在天津从事地下工作。据罗沛霖回忆：

> 我到天津以后，有一天孙友余来了，代表党组织，他对我说，你是不是想办法到美国去一趟，去学习学习，去开开眼界吧。全国解放指日可待了，解放以后我们要搞社会主义建设，得个博士回来，也是我们的光荣。

罗沛霖前往美国，其实主要的原因是中共派他到美国在中国留学生和教授中开展统战工作，争取他们回国。然而，罗沛霖只有正儿八经地成为美国大学的博士研究生，成为在美国的中国留学生中的一员，才便于开展统战工作。

别人去美国留学，要么拿中国政府的奖学金，要么拿美国大学的奖学金，而罗沛霖又是另类，他是中共党组织给了他500美元，作为去美国的费用！在当时，中国共产党尚未成为中国的执政党，能够拿出500美元送罗沛霖到美国去，名义上说是让罗沛霖本人“得个博士回来”，而实际上罗沛霖担负着重要的统战工作任务。

光是有了路费，罗沛霖去不了美国。恰恰在这个时候——1947年夏日，钱学森回国探亲。当钱学森来到北京时，罗沛霖找到了他。老朋友12年没有见面了，久别重逢，分外欣喜。罗沛霖也就请钱学森帮助他办通前往美国的手续。钱学森建议罗沛霖去加州理工学院学习，并为罗沛霖写了推荐信，信中说：“我对于罗沛霖先生超越常人的独特创造力，有深刻的感受。”

于是，罗沛霖凭借钱学森的介绍，开始与美国加州理工学院联系入学问题。最初，罗沛霖只是打算去读硕士研究生。对于罗沛霖来说，他从交通大学毕业已经12年了。这12年之中，他的大部分时间用于地下工作，并没有多少时间从事科学研究。他的英语也荒疏了。他必须迎头赶上——也就在这12年间，钱学森已经成为美国名牌大学麻省理工学院的正教授，成为美国知名的科学家。

借助于老校友钱学森的推荐，1948年9月，罗沛霖进入加州理工学院攻读博士学位——校方认为罗沛霖不必读硕士，可以直接读博士学位。

这一回，罗沛霖一改当年在交通大学学习时听课心不在焉的脾气，以高度的责任感全身心投入学习。他的头发一下子掉了许多。他到底是一个高智商的人，在久离校园生活的情况下，他竟然以23个月的时间，拿下了博士学位！与此同时，罗沛霖在留美的中国学生以及教授之中，广泛开展统战工作，争取他们回国。

就在罗沛霖进入加州理工学院一年之后，钱学森一家从美国波士顿的麻省理工学院，搬到了加州理工学院。

与钱学森曾经有过那么亲密的友谊，罗沛霖理所当然成为钱学森家中的常客，成为钱学森的“红色”挚友。无疑，罗沛霖把钱学森锁定为重要的统战对象。

“应该回祖国去”

钱学森为美国火箭、导弹的研制贡献良多，却竟然被美国“驱逐（deport）出境”！

这令人愤懑的一幕发生在1955年，但是起因应追溯到1950年。

钱学森从没有打算在美国工作一辈子。诚如钱学森自己所说：

> 我于1935年去美国，1955年回国，在美国待了20年。20年中，前三四年是学习，后十几年是工作。所有这一切都是在作准备，为了回到祖国后，能为人民做点事。我在美国那么长时间，从来没有想过这一辈子要在那里待下去。我这么说是有根据的。因为在美国，一个人参加工作，总要把他的一部分收入存入保险公司，以备晚年退休之后用。在美国期间，有人好几次问我存了保险金没有？我说一美元也不存。他们听了感到奇怪。其实，没有什么奇怪的，因为我是中国人，根本不打算在美国住一辈子。到1949年年底，我得知新中国成立，认为机会到了，应该回祖国去。

当时，数学家华罗庚从美国回到新中国，在通过罗湖口岸前夕，发表了一封《告留美同学的公开信》。钱学森为之动容：“中国在迅速进步着。1949年的胜利，比一年前人们所预料的要大得多，快得多……朋友们，梁园虽好，非久居之乡！为了抉择真理，我们应当回去；为了国家民族，我们应当回去；为了

青年华罗庚

为人民服务，我们也应当回去；建立我们的工作基础，为了我们伟大祖国的建设和发展而奋斗！”

不过，那时候钱学森在美国还有诸多未了的工作，他并没有打算马上回国。在跟朋友谈起的时候，他也只是说，打算回国一趟，把父亲接到香港，再回到美国。

1981年2月19日加州理工学院前院长杜布里奇在接受该校档案保管员古德斯坦（Judith R.Goodstein）的采访时，回忆说：

> 1950年的一天，钱（学森）来看我，并且对我说：“你知道我在中国有年迈的父亲。我很久没见到他了。当然，在打仗时我是不可能回去的，但我现在也许可以回去了。我只想请一段时间的假。”我问：“多久？”他说：“嗯，我实在不知道自己想和他住多久，这取决于我父亲的健康，总之是几个月。”我说：“当然，你可以离开一段

时间。”因此他完全公开地做了安排，并且告诉了所有人。结果有人告诉了当时是美国海军次长的丹·金贝尔（Dan Kimball），钱（学森）将要回中国访问。丹说：“哦，不行，我们不应该让他去中国。”你知道，中国不是我们最好的朋友。钱显然知道这一点，金贝尔觉得让钱（学森）回中国对钱（学森）以及对美国都有点冒险。我却不那样认为。我对钱（学森）有足够的信任，我相信他不会带很多文章，一些航空理论工作，回去做。麻烦的是，有人把金贝尔的评论看得很认真，说：“我们必须阻止他。”怎样去阻止呢？他们想到的阻止他的办法是指控他为共产党人。

杜布里奇院长把事情的经过说得很清楚，起初钱学森当面向他请假，回国探望父亲，已经获得他的同意。钱学森打算回国探亲，“完全公开地做了安排，并且告诉了所有人”。如果不是“半路上杀出程咬金”，钱学森的回国之路应当很顺利。

然而，钱学森惊动了那位“程咬金”丹·金贝尔先生，事情陡然发生剧变……

半路杀出“程咬金”

丹·金贝尔先生是美国海军次长，亦即美国海军副部长。为什么丹·金贝尔作为美国海军次长，会干涉加州理工学院教授钱学森的回国探亲之事？钱学森所从事的研究，固然跟美国海军关系不大，但是丹·金贝尔此前曾经担任航空喷气公司执行副总裁兼总经理，曾经深入了解过钱学森的学术成就，评价说“钱学森是美国最优秀的火箭专家之一”。

钱学森的学生郑哲敏也说，“丹·金贝尔与钱学森曾是很好的朋友。早年，钱学森参加的‘火箭俱乐部’与美国军方有过合作，用火箭改进飞机起飞时的助推器，大大缩短了跑道的距离。后来，‘火箭俱乐部’的几个成员创办了一家公司，钱学森是技术顾问，丹·金贝尔是公司的管理人员，负责经营。他们很早就认识。如今，这家公司已成为全球规模最大的火箭与推进剂制造企业——通用航空喷气公司。”

丹·金贝尔一听说钱学森要回中国，立即出面阻拦。丹·金贝尔给美国移民局打了电话，表示“说什么也不能放他回到红色中国”。

于是就在钱学森想走而未走的当口，一件意想不到的突然事件降临了。那是1950年6月6日，钱学森正在洛杉矶加州理工学院的办公室里工作，两个陌生人进来了。对方一脸严肃，出示了联邦调查局的证件。真是无事不登三宝殿，他们宣称，有足够的证据表明，钱学森是美国共产党党员，早在1939年就成为美国共产党帕萨迪纳支部第122教授小组的成员。据说美国共产党帕萨迪纳第122教授小组中有一个化名“约翰.M. 德克尔（John M. Decker）”的党员，联邦调查局确认“John M. Decker”就是钱学森。他们对钱学森进行盘问。尤其是盘问他与他的朋友马林纳、威因鲍姆的关系。尽管钱学森坚决否认自己是美国共产党党员，他们仍不以为然。

当时，正处于冷战的严峻岁月。1950年2月9日，威斯康星州的共和党参议员麦卡锡在西弗吉尼亚威灵市的共和党妇女团体集会上，发表了惊人的演说，矛头直指民主党人、国务卿艾奇逊。麦卡锡扬言，手中握有“一份205人的名单”，“这些人全都是共产党和间谍网的成员”，“国务卿知道名单上这些人都是共产党员，但这些人至今仍在草拟和制定国务院的政策”。麦卡锡的演说，如同一颗猛烈的炸弹在美国政坛爆炸。尽管麦卡锡夸大其词，在人们的追问下把“秘密名单”上的共产党员从205人减到81人，最后减到57人；然而，在麦卡锡的大声鼓噪之下，美国开始了一场声势浩大的“清共运动”，从美国国务院扩大到方方面面，尤其是军事机要部门。麦卡锡因此一举成名，他的反共排外的政治主张被称为“麦卡锡主义”。美国著名的物理学家爱因斯坦、美国原子弹之父奥本海默，也都被列进了黑名单。

黑名单不断扩大，联邦调查局把目光投向了钱学森。钱学

美国参议员约瑟夫·麦卡锡

森在美国参与研制导弹、制定美军尖端武器发展规划等，均属美国国防核心机密，而钱学森的好友之中，马林纳、威因鲍姆等都是美共党员。钱学森曾经参加过威因鲍姆领导的学习小组，一起学习了恩格斯的《反杜林论》。尽管那个学习小组并非美共组织，钱学森却被认定是美共党员。于是，钱学森也被列入黑名单。

就在联邦调查局派员盘问钱学森的当天，加州理工学院校方接到美国第六军团本部的秘密信件，要求校方从此严禁钱学森从事任何与美国军事机密相关的研究工作，吊销了钱学森的安全许可证。钱学森是在1942年经他的导师冯·卡门的推荐、经过美国宪兵总司令部人事安全主管巴陀上校的安全审核，于该年12月1日获取安全许可证的。这样，钱学森从事美国军事机密研究工作已经长达8年。到了1950年，钱学森所从事的研究工作大部分与美国军事有关，没有安全许可证，意味着钱学森再也无法做他已经从事多年、驾轻就熟、成绩斐然的工作了。

冯·卡门在晚年所写的回忆录中，曾经专门写了一章《中国的钱学森博士》，他清楚地说出了钱学森遭到迫害的起因：

> 麦卡锡反共浪潮席卷了美国，掀起一股怀疑政府雇员是否忠诚的歇斯底里狂热症。对大学、军事部门和其相关机构几乎天天进行审查或威胁性审查。在这种情况下，素以聚集古怪而独立不羁的科学家著称的小小加州学府，不可避免地要受到注意。凡是1936至1939年间在加州理工学

院工作过的人，都有可能被视为20世纪40年代中的不可靠分子。后来，很多好人不得不通过令人困窘而可恶的审查程序证明自己的清白。

有一天，怀疑终于落到钱的身上。事情可能是这样开始的：当局要钱揭发一个名叫西尼·温朋即威因鲍姆的化学家，此人因在涉及一件共产党案件中提供伪证，当时正在帕沙迪纳即帕萨迪纳受审。钱和温朋本是泛泛之交，只是替他介绍过职业，还不时去他家欣赏欣赏古典音乐。

我听说，由于钱拒绝揭发自己的朋友，引起了联邦调查局对他的怀疑。这事有的地方误记为是1950年7月，事

1950年9月威因鲍姆（右二）被认定有罪戴上手铐步出法庭

实上应为1950年6月6日。军事当局突然吊销了他从事机密研究工作的安全执照，即安全许可证。

关于钱学森被指为美国共产党党员一事，加州理工学院院长杜布里奇于1981年2月19日在接受该校档案保管员古德斯坦的采访时，把问题说得很清楚：

杜布里奇：他们发现在30年代（在加州理工学院）曾经有过一个共产主义小组。

古德斯坦：我以前听说过那个。

杜布里奇：我不知道其中有什么人。但在大萧条时期这里曾经有过一个小组，就像很多大学都有的那样。他们说一定存在一种更好的经济体系，也许俄国人已经找到了。钱（学森）对于他与那个小组的关系的说法是这样的：在这个指控刚被提出时，他对我说："我不明白这是怎么回事。"我说："你与共产主义小组有过任何联系吗？"他说："这里有一群搞社交聚会的人。当我作为一个陌生人来到这个国家时，有两三个这种加州理工学院的人邀请我去他们的屋子参加社交小聚会，我去过几次。"他说："我估计有过一些政治话题，但所谈的大都只是一般事务，我把它们当成纯粹的社交活动。我绝没有以任何方式加入过任何共产党，我甚至不记得'共产党人'一词在那些活动中被提及过。"但有人在一张纸上记下了参与其中某次聚会的人的名字，这后来成了证据。我想那是一个打印名单，在边上写着“钱”，那害苦了他。他以前（1947年）曾回过中国，然后又返回美国。当你返回这个国家时，标准的程序显然是回答这样一个问题：“你过去或现在是否是共产党的成员？当然，他写了“不”。因此对他的指控是伪证罪，即他曾经是这个共产主义小组的成员，却在重返这个国家时说自己不是。

古德斯坦：证据就是那个名单？

杜布里奇：是的。

古德斯坦：你看到过那个名单吗？

杜布里奇：我看过一个复印件。在他的听证会上那被当作了证据……

古德斯坦：钱（学森）是被诬告的吗？你觉得那真的是一份写在纸上的真人名单吗？

杜布里奇：是的。我没有理由怀疑它，因为我们在麦卡锡时代曾发现过两到三位加州理工学院的研究生及其他人涉及了此事。那的确是一个共产主义小组，有些人后来承认了这一点。但我也确实相信钱（学森）所说的他没有将之视为加入共产党。他在这个国家是一个孤独的陌生人，他受到了加州理工学院大家庭及镇上的这一小群友善的人的欢迎。我想，他说过他在这些友善的社交聚会中度过了美好的时光，从未想到过他涉入了任何不恰当的事情。“被诬告”，不是一个正确的用语，我想那只是一系列的误会及过度反应。

古德斯坦：学院的理事们对钱（学森）的事情感到很心烦吗？他们曾经对鲍林[①]（Pauling）心烦，钱（学森）的事情发生在同一个时期。

杜布里奇：是的。我想那些不喜欢鲍林的人大都也相信针对钱的指控。我记得我告诉过理事会，我们已经调查过，并且确信钱（学森）不属于这个共产主义小组，而只是与很多人一样与其中某些人有交往。我不记得有什么理事对此提出过有力的评论。我知道他们中有些人觉得（钱所受到的对待）是一种耻辱。有些人曾与我们携手，找寻有什么能做的。但我想他们中也有一些人认为："如果钱（学森）是共产党人，那就把他送回中国吧。"

古德斯坦：通过这件事，他们显然造就了一位热忱的中国共产党党员。

杜布里奇：是这样的。

也就是说，美国联邦调查局把一张出席社交小聚会的名单，仅仅因为其中有几个人是美国共产党党员，就把那张名单当成了美国共产党党员名单。而钱学森曾经几次参加这一社交小聚会，名单上有一个"钱"字，就被当成是美国共产党党员的证据。就连加州理工学院院长杜布里奇在学院的理事会上都明确表示"确信钱（学森）不属于这个共产主义小组"。

① 译者原注：鲍林是1954年诺贝尔化学奖得主，曾被麦卡锡主义列入黑名单。

别以为只有在中国“文革”时期有那么多的冤假错案，在美国也有冤假错案。作为一位正直的科学家，平白蒙冤，钱学森深感人格遭到莫大的侮辱，自尊心蒙受极大伤害。

山雨欲来风满楼。6月16日，威因鲍姆在家中被捕，而马林纳已于1947年远赴法国巴黎工作，联邦调查局鞭长莫及。由于威因鲍姆进入喷气推进实验室是钱学森推荐的，于是联邦调查局缠上了钱学森。

6月19日，当联邦调查局人员再度光临的时候，钱学森把一份事先准备好的声明交给他们。钱学森在声明中写道：“当年我成为一位受欢迎的客人的情境已经不在了，一片怀疑的乌云扫过我的头上，因此，我所能做的事就是离开。”

钱学森告诉来人，这份声明已经同时交给加州理工学院工学院院长林德菲以及教务长华森，因为这份声明也就是钱学森决定辞去加州理工学院一切工作的辞呈。

“千军易得，一将难求”

“我所能做的事就是离开”。就在钱学森递交那份离开美国的声明之后一周，太平洋彼岸的朝鲜战火顿起，麦卡锡主义借助朝鲜战争的爆发在美国国内更是甚嚣尘上。1950年6月27日，美国总统杜鲁门发表声明，宣布武装干涉朝鲜，并决定以武力阻挠中国人民解放军解放台湾，美国第七舰队向台湾出动。

钱学森加快了离开美国的步伐。

那时候中美之间没有外交关系，只有美国驶往香港的轮船，也有不多的美国飞往香港的航班。8月31日，从旧金山经停洛杉矶驶往香港的美国邮轮“威尔逊总统号”，原本是钱学森的最佳选择。钱学森与加州理工学院的博士研究生罗沛霖一起去买船票，罗沛霖是学生，当场买到了船票，而钱学森是教授，必须得到移民局批准才能买船票，因此无法与罗沛霖一起回国。当时机票也是一票难求。无可奈何，急于离开美国的钱学森一家，预订了加拿大太平洋航空公司8月28日从加拿大首都渥太华飞往香港的机票。

钱学森进入了“紧急状态”，他在办公室里收拾好书籍、手稿、笔记本等等，在家中收拾好细软。他委托一家名叫白金斯的打包公司打包。按照当时美国的习惯，准备托运的行李要由托运者先把物品装入一个个防水的箱子里，然后由打包公司运走，在他们的仓库里装入结实的大木箱，以防在长途运输中损坏。在装好大木箱之后，打包公司把木箱运往码头，交付轮船运至香港，再从香港转运到上海。

对于如此优秀的学者的离去，美国的知识界抱不平者有之，惋惜者有之，挽留者有之。加州理工学院院长杜布里奇是最突出的一位，他深为钱学森扼腕而叹。

杜布里奇是一位物理学家，身材瘦削，长着一副娃娃脸，人们用这样的话形容他：“生活简朴、精力充沛和一味渴望从事重要工作。”杜布里奇从1947年起出任加州理工学院院长之后，由于工作出色，担任院长长达22年之久。

杜布里奇出大力挽留钱学森，原因有三：

一是杜布里奇本人富有正义感，向来公开反对各种政治迫害。

二是他深知钱学森是难得的优秀科学家。1948年10月，他亲自致函邀请当时在麻省理工学院任职的钱学森，回到加州理工学院。钱学森接受了他的邀请。1949年初夏，钱学森和冯·卡门一起返回加州理工学院，钱学森出任该院喷气推进中心主任，学院还授予他以美国火箭先驱戈达德命名的讲座教授荣誉称号。从此，钱学森在帕萨迪纳加州理工学院附近安了家。

三是杜布里奇跟白宫关系密切。他兼任白宫科学咨询委员会主席。这个委员会专门就科技问题向政府提供建议。

他一面尽力挽留钱学森，一面运用自己的影响，希望华盛顿相关部门举行一次听证会，以求拂去钱学森头上那“一片怀疑的乌云”，重新发给钱学森安全许可证，让钱学森安心地在加州理工学院从事原先的研究工作。尽管华盛顿方面表示钱学森是美国共产党员的“证据不足”，但是宁可信其有，不可信其无。杜布里奇写道：“这简直是再荒谬不过的事，一个伟大的火箭及喷气推进专家，在这个国家里，无法在他所选择的领域中得到工作的机会，因而逼使他回到红色中国，让他的才干在共产政权中施展。”经杜布里奇再三坚持，华盛顿决定在8月23日举行听证会。钱学森面对院长杜布里奇的一片善意，却之不恭，何况在离开美国之前能够澄清种种不实之词，也是值得的。于是，钱学森在8月21日从洛杉矶飞往华盛顿。

杜布里奇建议钱学森，在华盛顿，应当首先拜访美国海军次长丹·金贝尔先生。

杜布里奇的目的显而易见，想借助于丹·金贝尔在华盛顿进行疏通，帮助钱学森重新获得安全许可证，这样可以达到挽留钱学森的目的。

当钱学森出现在丹·金贝尔的办公室时，丹·金贝尔显得非常客气。然而，他却是一位“太极拳”高手。他劝钱学森去找律师波特，以便在听证会上为他辩护。

钱学森在到达华盛顿的第二天——8月22日，拜访了波特律师。波特听了钱学森的陈述，认为明天就举行听证会显然太仓促，他必须有充分的时间进行准备，建议推迟听证会。钱学森同意了波特的意见。实际上，推迟听证会等于取消听证会。钱学森已经订好8月28日的回国机票，六天之后就要离开美国。

8月23日，钱学森再度来到丹·金贝尔的办公室，告诉他由于美国无理取消他的安全许可证，他决定离开美国，返回中国。丹·金贝尔一听，露出了他的真面目。他对钱学森说：“你不能走，你太有价值了！”他劝钱学森三思而行。钱学森在尴尬的、不愉快气氛中，结束了与丹·金贝尔的谈话。华盛顿之行，钱学森一无所获。

时间紧迫，离他从渥太华飞往香港的时间只有五天，何况他还必须留出时间从洛杉矶飞往渥太华。当天下午，钱学森就乘飞机急急赶回洛杉矶。

美国海军次长丹·金贝尔

经过六小时的飞行，钱学森刚下飞机，美国移民局的一位官员已经在洛杉矶机场恭候多时。他交给钱学森一纸限制出境的公文："禁止离开美国！"

钱学森无比震惊，也无比愤懑。

美国移民局的动作如此迅速，不言而喻是丹·金贝尔在幕后操纵。他在钱学森离开他的办公室之后，马上致电美国司法部。

丹·金贝尔在电话中说了一句"名言"：

> 他知道所有美国导弹工程的核心机密，一个钱学森抵得上五个海军陆战师。我宁可把这个家伙枪毙了，也不能放他回红色中国去。

丹·金贝尔深知"千军易得，一将难求"这句话的真谛。丹·金贝尔是一个相当仇视新中国，而跟台湾的"中华民国"

关系密切的人物。当钱学森经过五年的漫长抗争，终于回到北京时，丹·金贝尔又说了一句“名言”：

放钱学森回中国是美国曾做过的最愚蠢的事。

特工细细“研究”钱学森的行李

钱学森原本是“我所能做的事就是离开”。然而由于“程咬金”丹·金贝尔的横加干涉，事情发生一百八十度的变化，变成了不准钱学森离开！

钱学森从华盛顿回到洛杉矶。他既然被限制出境，只能退掉飞机票，并从海关取回原本打算托运到香港的八大箱行李。如果钱学森能够顺利地在8月28日从渥太华飞往香港的话，那么这批行李正好在8月31日搭上赵忠尧他们乘坐的“威尔逊总统号”邮轮运往香港。

钱学森从海关得到的答复是他料想不到的：“钱先生，您的行李被依法查扣了！”

当钱学森问为什么的时候，海关语出惊人，称钱学森托运的行李中有“美国机密文件”，因而违反了美国的“出口控制法、中立法和间谍法”。

如果说涉及前两项法规，那还算一般，而违反“间谍法”则意味着问题相当严重了。

其实，钱学森在办公室整理文件时，就已经注意涉及机密的文件，全部锁在办公室的一个文件柜里，并把钥匙交给了同事克拉克·米立肯教授。

事后，钱学森才得知，当时的他已经处于美国联邦调查局的监控之中。早在他8月21日飞往华盛顿的时候，嗅觉异常灵敏的美国联邦调查局就着手“研究”起钱学森准备托运的八箱行李。“据说”是白金斯打包公司的工人在打包时，发现钱学森托运的文件有“机密”、“极机密”字样，于是报告了打包公司的老板，而老板则马上报告美国联邦调查局。这“据说”，不知道是美国联邦调查局制造的由头呢，还是那位打包工人本身就是美国联邦调查局的特工。

有了这么一个“据说”的由头，联邦调查局会同海关、美国空军调查官员以及美国国务院的官员，于8月21日、22日齐聚在白金斯打包公司的仓库里，细细“研究”起钱学森托运的行李来，重点是其中的“文字性东西”。而这时候，钱学森正在华盛顿跟海军次长丹·金贝尔先生交谈呢！

“研究”钱学森的托运物品，不是一件容易的事，内中有众多的藏书、手稿、文件，还有九大本剪报。剪报是钱学森多年养成的工作习惯，看到有参考价值的文章，就从报纸上剪下来，整整齐齐贴在剪报本上，按内容分类。钱学森这些“文字性东西”，有英文，也有中文、德文、俄文，内容则涉及方方面面，不用说读懂这么多文件非常费事，即便是大致了解是什么内容，也够他们忙一阵子。

美国联邦调查局在“研究”中发现，其中甚至有关于美国原子能方面的详尽剪报。美国联邦调查局感到不解，钱学森的专业是火箭，并不是原子能，他为什么那样关注美国的原子能研究？这会不会是一种“间谍”行为？后来他们“研究”了钱学森方方面面的剪报之后，终于认定，这是一位高层次的科学家广博学识的体现。只有达到像钱学森那样的学问层次，才会对众多的科学前沿的研究都给予关注。

不过，不管怎么说，美国联邦调查局的“研究”精神还是令人“敬佩”的。他们居然把钱学森这些“文字性东西”用微缩胶卷拍摄下来，拍了一万二千多张！他们还把这些文件编成详细的目录……

1950年8月被美国海关查扣的钱学森八大箱托运的行李

美国联邦调查局毕竟还是有收获的。他们在钱学森托运的行李中，发现里面有的文件还盖着“机密”“保密”的图章，甚至还发现一本“密电码”！

为了给限制钱学森离开美国找一个“合乎逻辑”的理由，联邦调查局向媒体“放话”，洛杉矶的报纸《洛杉矶时报》《明镜》等马上以大字标题报道，“在钱学森回中国的行李中查获秘密资料”。

钱学森据理力争。钱学森在报纸上发表声明：

> 我想带走的只是一些个人的笔记，其中多数是一些我上课的讲义，以及未来我研究所需要的资料。我一点也不打算带走任何一点机密，或者试图以任何不被接受的方式离开美国。

钱学森说，那些盖着“机密”“保密”图章的文件，其实早已过了保密期。钱学森还针对报道中宣称他的行李中夹带“密码”“蓝图”，进行说明：“这里头没有重要书籍、密码书籍或者蓝图，那只是一些草图、一些对数表，不过这可能被误认为是密码或暗号。”

原来，大约是美国联邦调查局探员的数学太差，没有见过对数表，以至把对数表当成了“密电码”！

不过，联邦调查局的最大收获，据说是在钱学森的行李中，发现一张钱学森化名“约翰. M. 德克尔（John M. Decker）”的美国共产党党员登记卡，和警方线人抄录的一致，成为证明钱学森是美国共产党党员的重要物证。但是，表上并没有钱学森的签名，而且也不能证明钱学森提交了这份申请表，在法律上又不足为证据……

牢狱之灾突然降临

钱学森的处境越来越险恶，奇耻大辱的一天终于到来。

那是1950年9月7号下午，美国移民归化局官员来到位于洛杉矶帕萨迪纳的钱学森住所。移民归化局总稽查朱尔和稽查凯沙摁响了门铃。铃声响过，钱学森夫人开门，他们提出要见钱学森先生。

朱尔后来回忆说：

> 我很清楚那天的情形。钱夫人来开门的时候，手里抱着孩子。我说要见她的丈夫。不久，钱氏走出来。奇怪得很，他一点也没有激动的表情。但是，在他的脸上可以察觉到，他似乎对自己说："好吧，这事终会有水落石出的一天。"

钱学森夫人手里抱着的孩子，是出生才两个多月的女儿钱永真。钱学森的儿子钱永刚，只有两岁。

钱学森一眼就看出，这位移民归化局总稽查朱尔，就是半个多月前当他从华盛顿返回洛杉矶时，在机场向他出示“禁止离境”公文的那个官员。今天又来了，难道还怕我钱学森跑了不成？钱学森还真没猜错。原来钱学森从华盛顿回到家中，一连7天待在家中没有出门。这让在钱学森住所周围监视钱学森行踪的移民归化局的探员们不放心了：钱学森该不是偷偷“跑”了？要是这样，上峰怪罪下来，谁也承担不起！偏偏这时又听到传言：有人在美国与墨西哥边境看到了钱学森的汽车从美国越过边境向墨西哥驶去——钱学森“跑”了！这下使这伙监视钱学森行踪的探员们吃惊不小。尽管后来证实此消息完全是空穴来风，却也让移民归化局心存疑虑：这次没“跑”，下一次呢！因此要采取切实行动，确保他不能“跑”。所谓“切实行动”就是把他拘留起来，这样就保险了。

“钱先生，请跟我们走一趟。”移民归化局官员对钱学森说。

“秀才遇上兵，有理说不清”。在联邦政府的官员面前，钱学森明显处于弱势，辩白、抗议无济于事。

钱学森什么也没说，看了一眼身旁抱着永真的夫人，什么也没拿，跟着移民归化局官员走了。

钱学森被关在洛杉矶以南圣佩德罗湾一个叫特米诺岛（Terminal Island）的移民归化局的拘留所里。特米诺岛，又称“响尾蛇岛”，是一个不起眼的小岛。岛上原本有一座废弃了的石油探井架，井架附近有几间简易房。后来被移民归化局看中，扩建为拘留所。

特米诺岛拘留所四周是海。选择小岛作为拘留所，是便于与外界隔绝，防止犯人逃跑。特米诺岛拘留所又暗又潮湿又拥挤。牢房里常常响起西班牙语声，因为这里关押的大都是墨西哥的越境犯。许多贫穷的墨西哥人想到美国打工，于是偷越美墨边境，被抓住了，就押在这个离美墨边境不远的拘留所。

总算还好，考虑到钱学森是著名科学家，移民归化局没有把他跟那些越境犯关押在一起，而是关进一间单人牢房，有单独的卫浴设备，生活条件还可以。

杜布里奇作为加州理工学院院长曾经多次前往拘留所看望

特米诺岛上的移民局，钱学森曾经在此受审

钱学森。他后来回忆说[①]：

他们把他关在圣佩德罗的一个拘留所，我们在那里看望了他。他有一个小隔间，一个完全舒适的房间。那不是监狱——但那是一个拘留所。他有一个房间，一张桌子，一盏灯，一张床等等。但那样的拘留对他——对他的自负和自尊——是一个可怕的打击。他想到自己曾经那么充分地效力于这个国家（他的确如此），却得到了这种对待……这最终使他变得非常愤恨。克拉克·米立肯（Clark Millikan）和我常常去探望他，并与我们想得到的所有人作了交谈。

丹·金贝尔深感震惊。他说："你知道我并不是说他该被拘留，那太糟糕了。他并不是共产党人，拘留他是没有理由的。"移民归化局的行动让丹·金贝尔恼火——我觉得丹·金贝尔是非常恼火，对移民归化局将他随口说说的评论如此当真，以及没有用其他方式劝钱（学森）不要走。也许丹·金贝尔认为我应该劝说钱（学森）不要走——我不知道。不管怎么说，那是一个令人难过的事件。我去那里探访过钱（学森）几次，只是与他交谈，了解他的想法。他们后来让他假释回到了帕萨迪纳，但没有许可不能离开洛杉矶郡。他的假释由克拉克·米立肯监督，后者需要起誓一旦钱（学森）离开该郡就汇报。这是很受羞辱的经历。

① 古德斯坦，《杜布里奇访谈录》，1981年2月19日，卢昌海译。

杜布里奇的回忆表明，就连丹·金贝尔都对移民局拘留钱学森表示不满，而且丹·金贝尔明确地说，钱学森“并不是共产党人”。

夫人蒋英只是在释放前一天获准前来探望。然而，如钱学森出狱后对一位记者所说：

> 我被禁止和任何人交谈，夜里，守卫每15分钟就来亮一次灯，使我没法好好休息，这样的痛苦经历使我在这么短的时间里瘦了30磅！

钱学森一下子瘦了那么多，还在于沉重的心理打击。作为一位著名的教授，钱学森蒙受不白的牢狱之灾，心灵遭到的煎熬，远远超过皮肉之苦。

监控的眼睛紧紧盯着

钱学森获准保释了，终于离开了那人间地狱。他的出狱，又一次成为媒体的关注焦点。

然而，乌云依然在钱学森头顶笼罩。

美国移民局规定，钱学森每个月必须要到帕萨迪纳移民局去登记，并要随时接受移民局官员的传讯。另外，还规定他只能在洛杉矶市内生活，如果要超出洛杉矶的市界，必须申报，获得批准方可出洛杉矶。

钱学森住所附近常常出现陌生人在那里晃荡。不言而喻，那是移民归化局的特工在暗中监视他。

夜深，电话突然响起。钱学森一接电话，对方就把电话挂掉了。显而易见，那是在测试钱学森在不在家。

钱学森的电话受到监听、信件受到拆检；就连他上街，背后也有人跟踪。一句话，钱学森虽然获释，但是仍处于软禁之中。

得知儿子在美国遭到软禁，父亲钱均夫写信勉励他："吾儿对人生知之甚多，在此不必赘述。吾所嘱者：人生难免波折，岁月蹉跎，全赖坚强意志。目的既定，便锲而不舍地去追求；即使弯路重重，也要始终抱定自己的崇高理想。相信吾儿对科学事业的忠诚，对故国的忠诚；也相信吾儿那中国人的灵魂永远是觉醒的……"

夫人蒋英是音乐家。这时候她不得不暂时放弃自己的专业，在家中相夫教子。她不敢雇保姆，生怕保姆万一被移民归化局收买，就会监控他们的一举一动。

1950年11月初，钱学森的八大箱行李经过移民归化局两个多月的反复"研究"，并没有发现内中有机密文件，决定予以退还。

洛杉矶的报纸披露那些特工们把钱学森行李中的对数表当成了"密码"，一时间在加州理工学院传为笑谈。

钱学森一次次受到传讯。所幸加州理工学院的法律顾问古柏律师仗义执言，据理为钱学森申辩。

经过几番审讯，1951年4月26日，帕萨迪纳移民局通知钱学森，他的案件经过审理，认定他“曾经是美国共产党员的外国人”。依据美国国家安全条例的规定，凡是企图颠覆美国政府的外国人，必须驱逐出境。因此，帕萨迪纳移民局决定驱逐钱学森！

钱学森本来就打算离开美国，根本用不着美国“驱逐”，他早在1950年8月28日就准备要离开美国。

然而，移民局马上受到来自华盛顿的干涉，被要求暂缓执行对钱学森“驱逐出境”的决定。还是美国海军次长丹·金贝尔的那句话：“他知道所有美国导弹工程的核心机密，一个钱学森抵得上五个海军陆战师。我宁可把这个家伙枪毙了，也不能放他回红色中国去。”

于是，对钱学森“驱逐出境”的裁定，就一直被拖着，拖着……其实，这“拖”的策略，无非是在一日千里的科技时代中，让钱学森脑袋中的那些导弹知识老化，变得陈旧，变得无用。

没有被“驱逐出境”的钱学森，依然处于无限期的软禁之中。导师冯·卡门最能深刻理解钱学森的性格和为人，他曾经在《中国的钱学森博士》中写道：

> 此举严重伤害了钱的自尊心。他去找杜布雷奇即杜布里奇院长当面申述，没有安全执照他无法留在喷气推进中心继续工作。他情绪激昂地说，与其在这里遭受怀疑，宁愿返回中国老家去。杜布雷奇以好言相劝，希望他先保持

镇静，并建议他就此事提出上诉。钱不想上诉，他觉得在当时那种紧张气氛下，一个侨居的中国教授难打赢这场官司。更何况他秉性高傲，认定没有必要去向美国司法当局申述自己不是共产党人。我想，在当时情势下，要是有人利用我曾经为匈牙利短命的库恩·贝拉政府干过事而诬陷我，那么我也会作出和钱同样的反应。

为了便于一旦允许回国就能马上动身，钱学森没有固定住所，他的租房合同往往只签一年，到期后就搬家。那些从海关退回的总重量达800公斤的八个大木箱，钱学森再没打开过，一直放在那里，以便一旦有机会离开美国，随时可以再度交船托运。夫人蒋英还准备好三个手提箱，放着随身用品。

钱学森的好友郭永怀夫妇来到加州理工学院看望他，这使他在困境中得到宽慰。钱学森曾经回忆说：

1953年冬，他（引者注：指郭永怀）和李佩同志到加州理工学院。他讲学，我也有机会向他学习奇异摄动法。我当时的心情是很坏的，美国政府不许我归回祖国而限制我的人身自由，我满腔怒火，向我多年的知己倾诉。他的心情其实也是一样的，但他克制地劝我说，不能性急，也许要到1960年美国总统选举后，形势才能转化，我们才能回国。

据李佩回忆，当时她看到钱学森家空空如也，客厅里只有一张餐桌，几把椅子，还有三只手提箱。钱学森说，一旦美方同意他回国，他和蒋英拎起这三只手提箱就可以马上动身。

蒋英告诉李佩，钱学森被捕的那些日子里，幸亏有郑哲敏帮忙。当蒋英去拘留所看望钱学森时，郑哲敏就过来照料两个孩子。

在软禁期间，钱学森仍不时受到移民局的审讯，审讯的主题一直是为了确证钱学森“曾经是美国共产党员的外国人”，而钱学森自始至终否定。双方对峙着、僵持着。

有一回，检察官突然换了一个角度，问钱学森道：“你忠于什么国家的政府？”

钱学森答道：“我是中国人，忠于中国人民。”

检察官追问：“你说的‘中国人民’是什么意思？”

钱学森答：“四亿五千万中国人。”

当时，中国的总人口为四亿五千万。

检察官又问：“这四亿五千万人现在分成了两部分，那么我问你：你是忠于在台湾的国民党政府，还是忠于在大陆的共产党政权？”

钱学森答：“我认为我已经说过我忠于谁的原则了，我将根据自己的原则作出判断。”

检察官问：“你在美国这么长时间，你敢发誓说，你是忠于美国政府的吗？”

钱学森答：“我的行动已经回答了这个问题，在第二次世界

1950年11月律师古柏（左一）、钱学森（左二）以及移民局官员、记者在洛杉矶移民局的听证会上

大战中，我用自己的知识帮助美国做事。”

检察官问：“你现在要求回中国大陆，那么你会用你的知识去帮助大陆的共产党政权吗？”

钱学森说：“知识是我个人的财产，我有权要给谁就给谁。”

甩掉特工寄出求助信

处于软禁之中的钱学森，终于寄出了一封请求中国政府帮助他回国的信。

钱学森是怎样智斗美国特工的呢？

钱学森向来有着每日读报的习惯。1955年5月，钱学森在一张华人报纸上，看到了毛泽东主席在北京天安门广场主持庆祝五一劳动节典礼的报道。突然，在长长的观礼者的名单中，有一个熟悉的名字闯进钱学森的眼帘——陈叔通！

陈叔通先生当时任全国人大常委会副委员长。钱学森为什么特别注意到陈叔通的名字呢？

原来，陈叔通先生是钱学森的杭州同乡。1902年陈叔通26岁中举人，次年中进士，并朝考中式，授翰林。这位清末翰林是钱学森父亲钱均夫的好友。钱均夫进入杭州求是书院学习时，监院（相当于教务长）是陈仲恕先生，乃陈叔通之兄。陈叔通先生也执教于求是书院，与钱均夫亦师亦友。钱学森1947年暑假回国结婚时，曾经看望过“太老师”陈叔通先生。

接着，钱学森又陆续从报纸上读到中美两国谈判双方侨民归国的问题，特别是美国报纸宣称“中国学生愿意回国者皆已放回”。于是钱学森决定给陈叔通先生写信，报告自己被美国拘留、有国难归的困境，请求中国政府给予帮助。

细节决定成败。作为导弹专家的钱学森，尤其懂得在发射的时候，每一根导线、每一个焊点、每一个元件，都必须绝对可靠。“差之毫厘，谬以千里”，任何细节都不允许疏忽。为了把这封极其重要的信能够准确“发射”到陈叔通手中，钱学森经过了精心的考虑。

1955年6月15日，钱学森在家中先写好草稿，然后用一手繁

毛泽东和陈叔通在北京午门城楼上休息

体汉字，端端正正写下致陈叔通先生的这封至关重要的信。信的全文如下：

叔通太老师先生：

自一九四七年九月拜别后未通信，然自报章期刊上见到老先生为人民服务及努力的精神，使我们感动佩服！学森数年前认识错误，以致被美政府拘留，今已五年。无一日、一时、一刻不思归国参加伟大的建设高潮。然而世界情势上有更重要更迫急的问题等待解决，学森等个人的处境是不能用来诉苦的。学森这几年中唯以在可能范围内努力思考学问，以备他日归国之用。

但是现在报纸上说中美交换被拘留人之可能，而美方又说谎谓中国学生愿意回国者皆已放回，我们不免焦急。我政府千万不可信他们的话，除去学森外，尚有多少同胞，欲归不得者。从学森所知者，即有郭永怀一家（Prof.Yong huai Kuo，Cornell University，Lthaca，N.Y.），其他尚不知道确实姓名。这些人不回来，美国人是不能释放的。当然我政府是明白的，美政府的说谎是骗不了的。然我们在长期等待解放，心急如火，唯恐错过机会，请老先生原谅，请政府原谅！附上纽约时报旧闻一节，为学森五年来在美之处境。

在无限期望中祝　您

康健

钱学森谨上

一九五五年六月十五日

在信中，钱学森还附了一份豆腐干大小的1953年3月6日《纽约时报》特别报道剪报，题为《驱逐对美国不利》：

钱学森——加州理工学院著名的火箭专家，3月5日在洛杉矶被驱逐回中国。但同时又不许他离开美国，因为他的离去“不利于美国最高利益”。

这个自相矛盾的消息是由美国移民局地区副局长阿尔伯特今天披露的，此时钱学森博士仍在加州理工学院工作。

钱学森博士是8月份（引者注：应为1950年9月）被逮

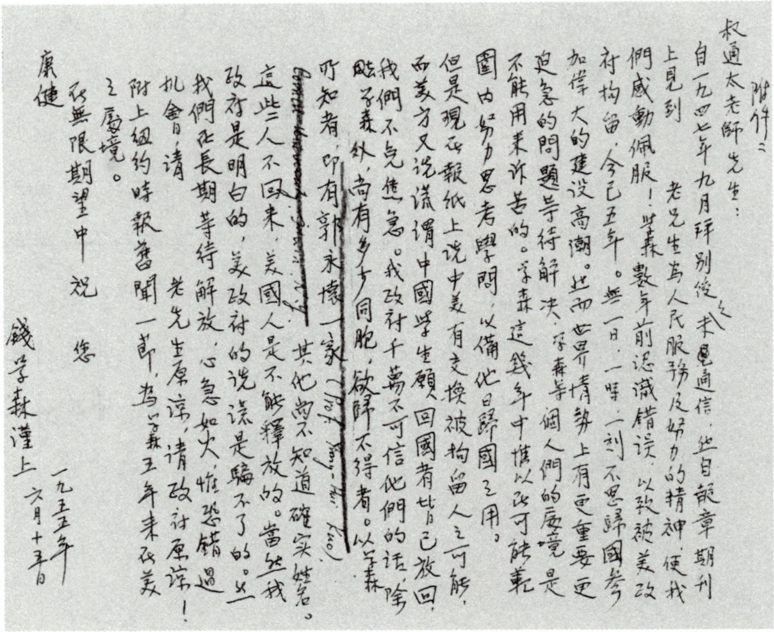
附件二

叔通太老師先生：

自一九四七年九月拜別後，未見通信，然自報章期刊上見到 老先生為人民服務及努力的精神，使我們感動佩服！學森數年前認識錯误，以致被美政府拘留，今已五年。無一日、一時、一刻不思歸國參加偉大的建設高潮。然而世界情勢上有更重要更迫急的問題等待解決，學森等個人們的處境是不能用來訴苦的。學森這幾年中惟以在可能範圍內努力思考學問，以備他日歸國之用。

但是現在報紙上说中美有交换被拘留人之可能，而美方又说謊謂中國學生願回國者皆已放回，我們不免焦急。我政府千萬不可信他們的話，除學森外，尚有多少同胞，欲歸不得者。以學森所知者，即有郭永懷一家（Prof. Yung-huai Kuo），其他尚不知道確实姓名。這些人不回來，美國人是不能釋放的。當然我政府是明白的，美政府的说謊是騙不了的。然我們在長期等待解放，心急如火，惟恐錯過機會，請 老先生原諒，請政府原諒！附上紐約時報舊聞一節，為學森五年來在美之處境。

在無限期望中祝 您

康健

錢學森謹上

一九五五年六月十五日

钱学森1955年6月15日致陈叔通的信

捕的，他试图将1800磅的技术资料运往“红色中国”。他被驱逐回他的祖国，但由于美国政府不承认中国，驱逐令并没有起作用。

检查这些打印材料的联邦机构人员没有发现任何秘密资料。

钱学森是怎么把这封至关重要的信件寄到陈叔通先生手中的呢？他当时并不知道陈叔通先生的通讯地址，只能寄给在上海的父亲，请父亲代转。倘若从美国直接寄给父亲，风险很大，因为联邦调查局非常注意拆检钱学森写给父亲的信，万一落到他们手中就麻烦了。他把这封信写好之后，装在一个信封里，并在信封上写了上海家中的地址。然后把这封信夹在夫人蒋英寄给妹妹的信中，那就相对要安全些。蒋英的妹妹蒋华当时侨居比利时。从美国寄往比利时的信，远没有寄往中国的信件那么容易引起关注。蒋英请妹妹在收到这封信之后，从比利时转寄到上海钱学森父亲家中。

为了确保能够寄出这封信，钱学森连每一个细节都精心打理：他让蒋英用左手写，模仿儿童的笔迹，在信封上写了妹妹的地址，以使联邦调查局的特工认不出是蒋英的笔迹。

接下来是如何避开特工的眼睛把信投进邮筒了，这也是“发射”链条中的重要一环。

钱学森记起，在一家大商场里，有咖啡馆，也有邮筒。于是，钱学森和夫人来到那家商场，钱学森在门口等待，夫人蒋英进入商场。男人不进商场，这在美国很正常。如果有特工在后面跟踪，紧盯的当然是钱学森。钱学森站在商场门口，特工也就等在商场之外。蒋英走进商场，看看周围无人注意她，也就悄悄而又敏捷地把信投进了商场里的邮筒。

这封信就这样躲过了联邦调查局无处不在的监视，安全到达比利时。

蒋华收到信件之后，立即转寄给在上海的钱均夫。钱均夫马上寄给北京的老朋友陈叔通先生。陈叔通当即通过相关渠道转交周恩来总理。这一系列的转寄，都安全无误。

周恩来深知钱学森这封信的重要，令外交部火速把信转交给正在日内瓦进行中美大使级谈判的中方代表王炳南，并指示："这封信很有价值。这是一个铁证，美国当局至今仍在阻挠中国平民归国。你要在谈判中用这封信揭穿他们的谎言。"

8月2日，王炳南大使当着美国代表约翰逊的面，念了钱学森的信，指出美方说谎"谓中国学生愿回国者皆已放回"，"当然我政府是明白的，美政府的说谎是骗不了的。然我们在长期等待解放，心急如火，唯恐错过机会。"这下子，约翰逊哑口无言了。

这封经过千山万水、辗转传递的信件，在关键的时刻，起了关键的作用。钱学森的"导弹"，准确地射中在日内瓦联合国大厦举行的中美大使级会谈。

1955年8月24日，《人民日报》发表评论《留美学生有什么回国自由》，首次透露了钱学森致陈叔通信的部分内容，并以此批驳美国政府：

> 所谓中国留美学生已可"自由"离美回国的说法，是同事实完全不符的。事实上，自美国的所谓限制回国的禁令"取消"以后，中国学生不但是继续被限制离开美国，而且是被变相地扣留在美国。
>
> 钱学森先生在美国的遭遇可以充分证明这一点。著名的中国科学家钱学森自一九五〇年八月起即准备回国，但他竟然遭到美国当局的非法逮捕，被无故拘禁达十五天之

1955年8月王炳南大使在日内瓦和美国大使会谈

久。自此之后，他就处在一种极其不合理的状态中。《纽约时报》一九五三年三月六日报道说：“钱学森博士正受到驱逐出境的命令，离开美国到中国去；但他同时也接到不许离开美国的命令。”他不但不能离开美国，而且不能离开他所住的县的边界。这种情况是并没有因为美国“取消”了所谓限制离境的禁令而有所改变的。正因为如此，所以在今年六月十五日，即美国“取消”了限制禁令之后两个月，钱学森还不得不写信给全国人民代表大会常务委员会副委员长陈叔通，请求援助他回返祖国。在信里，钱学森说：“被美政府扣留，今已五年，无一日、一时、一刻不思归国，参加伟大的建设高潮。”

面对着这些事实，人们不能不得出这样的结论：美国政府对中国留学生要求回国的限制实际并未取消，中国留学生被限制返国的情况并无根本改变。如果说，目前的情况与过去相比有所变化，那么变化仅仅是：美国当局采取了更隐蔽的办法。它以为这种办法既能达到阻挠我国留学生回国的目的，又能把美国当局的责任推卸得干干净净。

但，这是办不到的。中国有句老话：一只手不能掩尽天下人的耳目。美国政府应该拿行动来证明它的言辞。

中美大使级会谈是世界上罕见的“马拉松会谈”，断断续续地进行了15年，直至1970年2月20日，共进行了136次会谈。由于美方坚持其干涉中国内政的立场，会谈未能在缓和与消除台湾地区紧张局势这个关键问题上取得进展，但是当时两国没有外交关系，中美大使级会谈起着保持接触渠道的作用，在中美关系史上留下了特殊的一页。

用来换回钱学森的美军战俘

周恩来总理曾感叹说："中美大使级会谈虽然没有取得实质性成果，但我们毕竟就两国侨民问题进行了具体的建设性的接触，我们要回了一个钱学森。单就这件事来说，会谈也是值得的，有价值的。"

"火箭专家返回红色中国"

时间的钟摆缓缓地从太平洋此岸的中国，甩向彼岸的美国，然后又从美国摆回中国。这一来一回，从1935年至1955年，整整花费了二十个春秋。

1955年10月9日，新华社从广州发出的电讯《钱学森到达广州》，是钱学森归国之后的第一篇报道。电讯中称钱学森是"从美国归来的著名中国科学家钱学森"，用了这么一段简短的文字，首次向中国广大读者介绍钱学森从1935年至1955年在美国的经历：

> 钱学森一九三五年去美国研究航空工程和空气动力学，得到加利福尼亚工学院（加州理工学院）博士学位，曾历任这个学校的讲师、副教授、教授及超音速实验室主任等职务，一九四九年起，他是这个学校古根罕姆喷气推进中心主任。一九五〇年钱学森离美返国时，曾被美国当局留难并非法逮捕，在拘禁了十五天以后才给予释放。但此后钱学森便一直被禁止离开美国。当钱学森在今年九月十七

日和夫人以及物理学家李正武博士夫妇等乘“克利夫兰总统号”邮轮离开洛杉矶回国时，美国移民局和联邦调查局曾搜查了他的行李和监视着他的离开。

跟钱学森一起回到中国的，有他的夫人、歌唱家蒋英以及七岁的儿子钱永刚、五岁的女儿钱永真。

钱学森回国所乘坐的“克利夫兰总统号”（President Cleveland）邮轮，是一艘客货两用轮船，同时兼营邮政业务，所以被称为邮轮。“克利夫兰总统号”是来往于中美之间的轮船之一，由于许多中国名人乘坐过这艘邮轮，诸如胡适、张爱玲、李小龙以及科学家华罗庚、郭永怀、朱光亚等，这艘邮轮因此

1955年9月17日钱学森一家离开美国洛杉矶时码头送行的人群

留存在中国人的记忆之中。钱学森所乘坐的是“克利夫兰总统号”第六十个航次。

“克利夫兰总统号”始发地为旧金山，途经洛杉矶，然后经停夏威夷的檀香山、日本横滨、菲律宾马尼拉，最后到达香港九龙，整个航程为21天。钱学森离开洛杉矶那天，当地出版的《帕萨迪纳晨报》上印着特大字号的通栏标题——“火箭专家钱学森今天返回红色中国”！这下子，使钱学森成了新闻人物，不仅方方面面的朋友前来送别钱学森，而且众多记者赶往码头采访钱学森。加州理工学院院长杜布里奇9月17日虽然并没有到码头上送行，但是他却说了一句意味深长的话：“钱学森回国绝不是去种苹果树的。”

火箭翘楚钱学森回中国，当然不是“去种苹果树的”。

1955年2月26日，中国人民解放军解放大陈岛在内的所有浙江沿海岛屿。美国国会参议院紧急通过《美台共同防御条约》，提出“台湾海峡安全受到威胁时”，他们有权使用原子弹。

美国总统艾森豪威尔在与刚从台湾访问归来的国务卿杜勒斯谈话之后，于1955年3月16日发表电视讲话，“难道原子弹不能像其他常规武器一样使用吗？”“核武器不仅是战略武器，也可以用于战术目的”。言外之意，要对红色中国进行一场核战争。

面对美国的核讹诈，毛泽东的回答是：“发展我们自己的原子弹。”

钱学森回国时乘坐的“克利夫兰总统号”邮轮

毛泽东问周恩来：“在原子弹和导弹研制方面，我们的人才如何？”

周恩来回答说：“我们有这方面的人才优势，钱三强与诺贝尔奖获得者约里奥·居里夫人曾在一起工作过，杨承宗和彭桓武是从法国、英国回来的著名放射物理学家，另一位在美国‘火箭之父’冯·卡门博士门下工作过的导弹专家钱学森教授，我们正在通过各种途径，争取他早日归国……”

这清楚地表明，在钱学森归来之前，毛泽东和周恩来都已经把关注的目光投向这位著名的导弹专家。

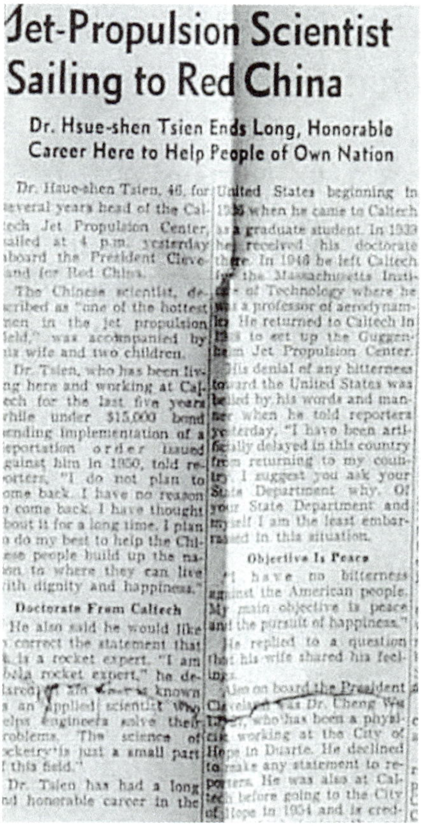

Jet-Propulsion Scientist Sailing to Red China

Dr. Hsue-shen Tsien Ends Long, Honorable Career Here to Help People of Own Nation

Dr. Hsue-shen Tsien, 46, for several years head of the Caltech Jet Propulsion Center, sailed at 4 p.m. yesterday aboard the President Cleveland for Red China.

The Chinese scientist, described as "one of the hottest men in the jet propulsion field," was accompanied by his wife and two children.

Dr. Tsien, who has been living here and working at Caltech for the last five years while under $15,000 bond pending implementation of a deportation order issued against him in 1950, told reporters, "I do not plan to come back. I have no reason to come back. I have thought about it for a long time. I plan to do my best to help the Chinese people build up the nation to where they can live with dignity and happiness."

Doctorate From Caltech

He also said he would like to correct the statement that he is a rocket expert. "I am not a rocket expert," he declared. ... known as an applied scientist who helps engineers solve their problems. The science of rocketry is just a small part of this field."

Dr. Tsien has had a long and honorable career in the United States beginning in 1935 when he came to Caltech as a graduate student. In 1939 he received his doctorate there. In 1946 he left Caltech for the Massachusetts Institute of Technology where he was a professor of aerodynamics. He returned to Caltech in 1949 to set up the Guggenheim Jet Propulsion Center.

His denial of any bitterness toward the United States was belied by his words and manner when he told reporters yesterday, "I have been artificially delayed in this country from returning to my country. I suggest you ask your State Department why. Of your State Department and myself I am the least embarrassed in this situation.

Objective Is Peace

"I have no bitterness against the American people. My main objective is peace and the pursuit of happiness."

He replied to a question that his wife shared his feelings.

Also on board the President Cleveland was Dr. Cheng Wu ..., who has been a physician working at the City of Hope in Duarte. He declined to make any statement to reporters. He was also at Caltech before going to the City of Hope in 1954 and is cred-

洛杉矶报纸报道钱学森返回红色中国

经过漫长的航行，1955年10月8日早上，“克利夫兰总统号”到达香港九龙。港英当局以所谓“押解过境”的名义，把钱学森一家送到深圳罗湖口岸。

那时候，英国殖民统治下的香港与中国深圳，只隔着一条宽不过50米的深圳河。架在深圳河之上的罗湖桥，成为香港与中国内地的通道。当时的桥面由粗木铺成，桥的两端分别由中英两方的军、警把守，严格地检查着过往旅客的证件。桥的这头，飘扬着英国的米字旗，桥的那头飘扬着中国的五星红旗。

当天中午，钱学森一家跨过罗湖桥。朱兆祥当时是中国科学院秘书处负责人，受国务院陈毅副总理的派遣，作为中国科学院的代表，专程赶往罗湖桥头迎接钱学森一家。朱兆祥不认识钱学森，当时还特地去上海拜访了钱学森的父亲钱均夫老先生，拿到钱学森一家的照片。在与朱兆祥紧紧握手的一刹那，钱学森百感交集：终于回到祖国的怀抱了。

从此，钱学森全身心献身于新中国的“两弹一星”这一宏伟的事业。

国外评论家指出，“由于钱学森的归来，使红色中国的‘两弹一星’提前了20年。”

第四章

归来的故事

终于跨过罗湖桥

梦寐以求，钱学森终于从美国回到祖国的怀抱。

对于钱学森来说，1955年10月8日是历史性的一天：

上午，钱学森一家乘坐“克利夫兰总统号”邮轮从美国到达香港。

中午，跨过罗湖桥，抵达深圳。

晚上，到达广州。

得知钱学森平安归来，周恩来总理打电话给中共广东省委书记兼省长陶铸，指示要热烈欢迎、亲切接待钱学森及其家人。

10月10日，钱学森一家在朱兆祥的陪同下乘火车从广州前往上海。那时候的沪穗之间交通还很不方便，要乘火车，速度甚慢。尽管乘坐的是快车，火车直至10月12日上午才抵达上海。

打从1947年秋离开上海，如今已经整整八年，这次钱学森和蒋英带着七岁的儿子钱永刚和五岁的女儿钱永真归来，74岁的钱均夫分外欣喜。尤其高兴的是，翌日——10月13日，正是钱永刚的生日，全家吃面，表示庆贺。唯一的遗憾是钱学森的母亲章兰娟早已不幸病逝，未能亲眼一见孙子和孙女。

钱永刚生日那天，全家在上海愚园路岐山村家中拍摄了团圆照。照片的右侧是钱均夫的干女儿钱月华。

据钱月华告诉笔者，她自从1930年来到杭州方谷园钱家，

1955年10月12日，钱学森（右三）一家和父亲钱均夫（右二）、钱均夫的干女儿钱月华（右一）在上海家中合影

在那里住了7年。1937年抗日战争爆发，钱均夫和钱月华从杭州逃难到浙江富阳，借住在学生蒋伯泉家中。后来，又辗转搬到上海愚园路1032弄（岐山村）111号。

岐山村位于上海长宁区东部，安西路与江苏路之间。岐山村111号是一幢三层楼房，是章兰娟的哥哥用金条“顶”下来的房子（即房主典当的房子）。钱均夫跟章家亲戚一起住在那里。底楼是客厅。钱均夫最初住在二楼的亭子间，显得有点局促，与杭州的方谷园有着天壤之别。不过在战火纷飞的岁月，能够在上海找到一个安身之处，已经算是不错的了。没有想到，钱均夫在这里一住就是19年。后来又搬到一楼客厅旁边的一套房子里住。

钱均夫由于失去了工作，又体弱多病，经济每况愈下。钱学森向来孝顺，在美国开始工作之后，一直接济父亲。其中有一年多因太平洋战争，钱学森无法从美国汇钱给父亲，钱均夫不得不向亲友借款，直至钱学森的汇款寄到，赶紧还给亲友。

钱学森1947年回国之前，钱均夫一度因十二指肠穿孔，住进上海同孚路的中美医院（今石门一路82号），全靠钱月华细心照料，才得以康复。

“森哥”非常感谢钱月华对父亲钱均夫的照料。他说，如果没有干妹妹钱月华，他无法在美国求学，也无法在美国工作，因为他是父亲的独生子，母亲又早逝，他必须挑起照料父亲的重担。有了干妹妹钱月华长期无微不至地照料父亲，他才得以在美国安心学习和工作。“森哥”称赞钱月华是家里的“大功臣”。

令钱学森非常感动的是，在他被美国当局软禁的5年之中，由于不能如常给父亲汇款，杭州市政府民政局从钱学森堂妹钱学仁那里获得这一情况，向上级作了反映。据说周恩来总理知道之后，批准每月给钱学森父亲钱均夫100元人民币的补助。在当时，每月100元人民币维持钱均夫和钱月华两人的生活绰绰有余。

钱永刚和钱永真当时一口英语，讲起汉语来反而不利索。

父亲钱均夫为了欢迎钱学森归来，特地买了一套钱学森喜爱的“中国历代名画”复制品送给他。

10月15日，钱学森一家前往杭州。又见西湖，又见方谷园，只是母亲已故多年，钱学森率全家祭扫母亲章兰娟的墓，不胜唏嘘。

10月26日，钱学森一家在朱兆祥陪同下乘坐火车前往北京。

10月28日上午，火车抵达北京。在火车站，中国科学院副

1955年10月28日中国科学院副院长吴有训（右）和周培源（中）到北京火车站迎接钱学森

院长吴有训和首都著名科学家华罗庚、周培源、钱伟长、赵忠尧等二十多人热烈欢迎钱学森一家。

11月1日，中国科学院院长郭沫若举行宴会，欢迎钱学森归来。

11月3日，《人民日报》以显著位置刊登记者柏生的长篇报道《热爱祖国的科学家钱学森》。这篇报道记述了钱学森回国的艰难历程，还记述了钱学森归国之初的感想和表态。

11月5日，国务院副总理陈毅接见钱学森，代表中央人民政府欢迎钱学森归来。

陈赓大将乘专机赶来

既然美国海军次长丹·金贝尔说钱学森抵五个师，如今钱学森已经回到中国，怎么才能发挥他抵五个师的作用呢？

接见，宴会，会友，讲座，参观——钱学森回国之初，从深圳、广州，到上海、杭州，到北京，处于兴奋和忙碌之中。

回国不久的钱学森，脱下已经穿了20年的西装，换上了咔叽布的中山装。看上去，跟国内普通的中年人没有什么区别，只是那睿智的目光，那宽阔的前额，那非同一般的气质，透露出他的博士风采、教授风度。

他一口流利的京腔，从来不会说着说着就蹦出几句英语。他回国之际，正值中国大陆开始推行简体字，钱学森很认真地学写简体字。很快的，写惯繁体字的他，能够写一手漂亮的简体字，而且几乎没有间杂一个繁体字。

经周恩来总理亲自安排，1955年11月21日，钱学森正式到中国科学院报到。在那个年代，中国人讲究要有“单位”，钱学森回国之后的“单位”就是中国科学院，尽管在当时还没有落实到中国科学院的哪个岗位。看得出，钱学森刚回国的时候，是作为著名科学家接待和分配工作的。

中国科学院安排钱学森在北京各处参观之后，开始到外地参观，为的是让他这个在美国生活了20年的洋博士尽快熟悉中国的国情。

中国科学院副院长吴有训建议钱学森去东北参观，他说“中国的重工业都集中在东三省”。钱学森接受了这一建议，在朱兆祥的陪同之下，于1955年11月22日启程，在东北地区整整参观、访问了一个月的时间。

11月23日，钱学森到了哈尔滨。哈尔滨是东北最漂亮的城市，绿树丛中掩映着一幢幢米黄、湖绿、天蓝色的俄式建筑。钱学森是第一次来到这座东北的“莫斯科城”。

中共黑龙江省委事先得到中国科学院的通报，非常重视钱学森的到来。那时候，在中共黑龙江省委眼里，钱学森是重要的“统战对象”，所以钱学森一到哈尔滨，就由中共黑龙江省委统战部部长亲自接待钱学森，并陪同钱学森参观哈尔滨。

钱学森作为贵宾，住进火车站广场的大和旅馆。这是一座建于1903年的豪华建筑，当年曾是俄国驻哈尔滨的总领事馆所在地。在伪满洲国时重新装修之后，成为哈尔滨首屈一指的宾馆——大和旅馆。

钱学森向陪同参观的朱兆祥提出来，听说有两个老朋友在哈尔滨一所军队的大学里工作，希望能见到他们。

钱学森所说的两个老朋友，就是罗时钧和庄逢甘。罗时钧是钱学森的学生，就读于加州理工学院时，在钱学森指导下获得了博士学位。1950年8月，罗时钧乘坐美国邮船“威尔逊总统号”从洛杉矶回国。由于受钱学森案的牵连，罗时钧在途经日本横滨的时候，被美国中央情报局追捕，关押在日本达三个月之久。经过中国政府的再三抗议和交涉，罗时钧才终于回到祖国。庄逢甘是空气动力学家。他在美国加州理工学院留学时，正值钱学森担任古根罕姆喷气推进中心主任，得到钱学森的许

哈尔滨军事工程学院教学大楼

多指导和帮助。庄逢甘在1950年回国，先在上海交通大学任教，然后调往“哈尔滨的一所军队的大学”工作。

这“哈尔滨的一所军队的大学”，其实就是中国人民解放军军事工程学院，由于学院设在哈尔滨，人们通常称之为哈尔滨军事工程学院，简称“哈军工”。由于这是一所保密度很高的学校，所以钱学森当时只知道是“哈尔滨的一所军队的大学”，连学校的正式名称也不知道。不过，钱学森既然到了哈尔滨，理所当然希望一晤罗时钧和庄逢甘。

朱兆祥其实预料到钱学森会提出看望罗时钧和庄逢甘的要求，只是中国人民解放军军事工程学院是对外严格保密的单位，按照当时的规定，地方上只有省委委员以上的干部才能进入“哈军工”参观。钱学森当时刚从美国归来，连工作单位都没有定下来，能否让钱学森进入这所学院，朱兆祥没有把握，所以在与中共黑龙江省委统战部商谈钱学森在哈尔滨的行程时，没有把参观中国人民解放军军事工程学院列入。现在，既然钱学森正式提出来了，朱兆祥马上通过陪同参观的中共黑龙江省委统战部部长向中共黑龙江省委请示。这件事，就连中共黑龙江省委也无法做主，赶紧打电话向正在北京的陈赓大将请示。

陈赓是“哈军工”的首任院长兼政委，同时也是人民解放军副总参谋长，所以陈赓平常大都在北京。陈赓当场就在电话中表示同意，欢迎钱学森参观“哈军工”。

这样，当钱学森结束了东北烈士纪念馆的参观，一回到大和旅馆，朱兆祥就告诉他，那个“哈尔滨的一所军队的大学”，正式的名称叫中国人民解放军军事工程学院，明天到那里参观，并会晤罗时钧和庄逢甘。

第二天——11月25日上午8时多，朱兆祥陪同钱学森来到哈尔滨文庙街，进入中国人民解放军军事工程学院。轿车停在王字形的主楼前。钱学森刚刚下车，一群身穿中国人民解放军军服的军人就朝他走了过来。这是曾经进出入美国五角大楼、曾经身穿美国上校军服的钱学森，第一次与中国人民解放军的军人们握手。为首的中等个子的军人，紧握着钱学森的手说：“欢迎你，钱先生。我是陈赓。”

陈赓？昨天还在北京的中国人民解放军总参谋长办公室，今天怎么一早就已经出现在“哈军工”？在交通不便的1955年，可谓“神速”！陈赓解释说，为了迎接钱学森先生的到来，他今天起了个大早，乘坐专机赶到哈尔滨！

大约由于陈赓主持过情报工作，大约由于陈赓是中央军委分管作战的副总参谋长，所以他很早就关注钱学森的动向，深知钱学森的学识和在美国学术界的地位，知道钱学森“抵五个师”的价值。

钱学森回国之后，陈赓就立即向国防部部长彭德怀建议：应当请钱学森先生考察中国人民解放军军事工程学院，听取这位著名的火箭专家对于中国研制火箭的意见。彭德怀随即把这一意见报告周恩来总理和毛泽东主席。就在彭德怀转告陈赓，可以邀请钱学森考察中国人民解放军军事工程学院的时候，钱学森在中国科学院的安排下，已经来到哈尔滨！

正因为这样，陈赓不仅在电话中告诉中共黑龙江省委马上安排参观，向来做事干脆、风风火火的他，也当即从北京赶来。

密谈中国导弹计划

陈赓跟钱学森握手的一刹那，钱学森深受感动。陈赓向钱学森介绍了站在他身后的几位军人——中国人民解放军军事工程学院领导班子刘居英、徐立行、张衍等。内中的刘居英，少将军衔，“哈军工”副院长。他的哥哥刘志贤，即陆平。后来，当刘居英接替陈赓出任中国人民解放军军事工程学院院长时，陆平出任北京大学校长，兄弟俩同时执掌中国两所重要大学，一时间传为佳话。

陈赓快人快语，对钱学森说：“我们军事工程学院打开大门来欢迎钱学森先生。对于钱先生来说，我们没有什么密要保的。那些严格的保密规定，无非是在美国人面前装蒜，不让他们知道我们的发展水平。”

陈赓的一番话，充满对钱学森的信任感。

陈赓花费了一天时间，陪同钱学森在中国人民解放军军事工程学院参观。

钱学森来到空军工程系，系主任唐铎少将带领教授、教师们跟钱学森见面。钱学森见到了罗时钧、庄逢甘，非常开心。他俩都穿着中国人民解放军军装，给钱学森面目一新的感觉。

出乎钱学森的意料，他还见到老同学、老朋友梁守槃、马明德、岳劼毅。他们怎么也会来到这里执教的呢？

原来，这批航空工程专家，都是陈赓“挖”来的。

看到有那么多同行云集建院才几年的中国人民解放军军事工程学院，钱学森被陈赓求贤若渴、高度重视知识分子的态度深深感动。钱学森说：“地球真小，我没想到在军事工程学院会见到这些老同学和老朋友。”

到处“挖”人的陈赓，当时还曾打算把钱学森从中国科学院“挖”过来，担任中国人民解放军军事工程学院副院长呢。

下午，陈赓等陪同钱学森参观炮兵工程系，在那里钱学森第一次见到了任新民，后来任新民成了钱学森的左右手。

任新民于1945年赴美国密歇根大学研究院留学，获机械工程硕士、工程力学博士学位。1948年9月，被美国布法罗大学机械工程系聘任为讲师。1949年8月，新中国诞生前夕，他从美国回国。1952年8月，当陈赓在北京成立中国人民解放军军事工程学院筹备委员会时，任新民就是八位筹备委员之一。当学院在哈尔滨正式成立之后，陈赓任院长，任命任新民为炮兵工程系教育副主任兼火箭教授会主任，从事火箭研究。1955年任新民被授予上校军衔。在钱学森1955年10月回国之前，任新民可以说是中国最早研究火箭的专家。

任新民后来担任第七机械工业部副部长，航空航天部总工程师，中国宇航学会理事长。1980年当选为中国科学院技术科学部学部委员。1985年10月被国际宇航科学院接纳为院士。1999年被国家授予“两弹一星”功勋奖章。

任新民在接受本书作者采访时，说及一件重要的事：就在钱学森来到中国人民解放军军事工程学院的前几天，他和周曼殊、金家骏三位教员给陈赓院长写了一个报告，并请陈赓院长转交中央军委。这个报告提出了我国应当重视研制火箭武器和发展火箭技术。

不早不晚，钱学森恰恰在这个时候来到中国人民解放军军事工程学院，所以跟任新民、周曼殊和金家骏这三位火箭专家谈得非常投入。

在火箭教授会的实验室里，任新民向钱学森介绍了室外固体火箭点火试车的试验，钱学森这才得知，中国也已经在着手火箭研究。任新民指着一个十多米高的铁架子，谦虚地说："不怕钱先生笑话，我们做比冲试验，方法很原始，另外用火箭弹测曲线，也是笨办法上马。"

钱学森称赞说:"不容易。你们的研究工作已有相当的深度，尽管条件有限，已经干起来了嘛。迈出这一步，实在出乎我的意料!"

钱学森对陈赓说："任教授是你们的火箭专家，我今天有幸认识了他！"

陈赓马上抓住这一话题，问钱学森道："钱先生，你看我们中国人能不能搞导弹？"

钱学森不假思索地回答道："有什么不能的？外国人能造出来的，我们中国人同样能造出来。难道中国人比外国人矮一截不成？"

陈赓听罢，笑道："钱先生，我就要你这句话！"

其实，陈赓专程从北京赶来，就是要听钱学森的这句话！

钱学森后来回忆说：

> 陈赓大将听了以后非常高兴，说好极了！就要你这句话。从这位领导人讲的这些话里头，我慢慢悟出来，他们不是说一个简单科学技术问题，而是我们社会主义中国建设的问题，这是以毛泽东为首的党中央一个伟大战略决策。抗美援朝战争那个时候已经结束，他们想到就是社会主义中国要建设，要有一个比较安定的环境。我们必须认真对付敌人的核威慑。所以中国搞"两弹"、发射卫星，目的不是别的，是为了我们国家不受外国人的核威慑，能够平稳地建设我们的社会主义。

当天晚上，陈赓大将在大和旅馆最好的包房里举行一个小型的晚宴，宴请钱学森。除了钱学森和朱兆祥一身便衣之外，其余的出席者一色军服。陈赓请任新民作主陪，出席宴会的都是中国人民解放军军事工程学院与航空、火箭相关的教授。钱学森的学生罗时钧、庄逢甘也都在座。不过，考虑到谈话的内容涉及高度机密，陈赓连中共黑龙江省委统战部的部长都没有请。

那个夜晚，他们边吃边谈，谈话的主题就是导弹。

钱学森告诉陈赓，依照他的估计，中国如果着手研制射程

陈赓大将

为300公里至500公里的短程火箭，弹体及燃料用两年时间可望解决，但是关键问题是自动控制技术。相对于火箭而言，研制导弹的工作量80%在于自动控制技术。

陈赓说："钱先生的话让我心里有了底，我们一定要搞自己的火箭，自己的导弹。我可以表个态，我们'哈军工'将全力以赴，要人出人，要物出物，钱先生只要开口，我们义不容辞！"

中国人民解放军"导弹化"的起点，就是哈尔滨大和旅馆的那个夜晚，就是始于陈赓大将与钱学森的促膝深谈。

就在这一个夜晚，回国只有一个多月的钱学森，从美国的导弹专家演变为中国的导弹专家。

就在这一个夜晚，中国"两弹一星"中的导弹工程，提到日程上来了。

钱学森在晚年回忆往事时说："我回国搞导弹，第一个跟我说这事的是陈赓大将。"

钱学森还说："陈赓大将很直爽，他想干什么，让人一下就明白。'君子坦荡荡'，他的心是火热的，他的品质透亮，像水晶一样。"

北京刮起"钱学森旋风"

在黑板上写着"火箭军"三个大字。

这是钱学森在讲课。他说，这"火箭军"，也就是导弹部队，是一支不同于现有的陆、海、空三军的新型部队，是一支能够远距离、高准确度命中目标的部队，是现代化战争中极其重要的后起之秀。中国需要组建一支"火箭军"。

在陈赓大将的大力推动下，钱学森与军方的关系日益密切，北京军队高层出现了"导弹热"。陈赓大将前往中国科学院，正式代表国防部邀请钱学森讲课。

1956年1月，在陈赓大将的安排下，钱学森在北京积水潭总政文工团排演场给在京的军事干部讲关于导弹武器知识的概述，连讲三场，引起中国人民解放军高级将领对导弹的极大兴趣。

那时候，很多人都还不知道导弹为何物。身经百战的贺龙、陈毅、叶剑英、聂荣臻元帅，都兴致勃勃地听讲，当起了钱学森的学生。

总参作战部空军处参谋李旭阁曾经回忆当时听钱学森讲座的情形：

1956年元旦的第一场春雪刚刚落下。那天上午，在中南海居仁堂办公的总参作战部空军处参谋李旭阁，被处长杨昆叫进办公室，递给他一张入场券，说下午三点总政排练场有个秘密报告，规格很高，你去听听！

北京城一片雪白。李旭阁骑车而去，中南海到新街口总政排演场大厅路并不远。他匆匆步入会场，环顾左右，已座无虚席。令他吃惊的是在座的几乎都是清一色的将军，他们都是三总部和驻京军兵种的领导，许多人都是他所熟悉的。主席台上，摆着国防部副部长陈赓大将的名字。蓦然回首，满堂高级将领，唯有他一个人年纪最轻，职务也最低，佩戴少校军衔。

刚刚落座，电铃就响了。陈赓大将率先走出来，身后跟着一位穿中山装的学者。两人坐下，陈赓大将便介绍说，这位就是刚刚归国的钱学森教授，世界上大名鼎鼎的空气动力学家，今天由他给大家讲世界上最先进的尖端武器——导弹。顿时，全场掌声雷动。

钱学森教授站起来鞠了一躬，然后走至黑板前，挥笔写了一行字：关于导弹武器知识的概述。

李旭阁在一个崭新的笔记本上记下这一行字，这是他第一次听到关于世界上最尖端武器的介绍。他聚精会神地听，一丝不苟地记，什么导弹结构、用途，美国、苏联导弹发展现状等等。特别是钱学森饶有意味地说的一番话，深深印在他心里："中国人完全有能力，自力更生制造出自己的火箭。我建议中央军委，成立一个新的军种，名字可以叫'火箭军'，就是装备火箭的部队。"以后，钱学森又于1960年3月22和23日在高等军事学院讲授火箭和原子能的应用，李旭阁再次前往听课，钱学森深入浅出、引人入胜的讲解，至今让他记忆犹新。

2004年4月，李旭阁在整理过去的资料时，意外地发现了自己当年的笔记本，打开一看，竟是1956年元旦听钱学森讲课的手记，他记了厚厚一个本子。钱学森的儿子和秘书得知情况后，立即专程来到他家，将原件拍照和复印，准备放到上海交大钱学森图书馆展出。

在那里连听三场钱学森演讲的朱兆祥，后来是这么回忆的：

陈赓大将亲自陪同钱先生和我一起到医院去看望彭德怀同志。这次会见很特别，彭老总开门见山就提出问题说：我们是社会主义国家，不会去打人家。但我们一定要把部队用新式武器装备起来，落后了要挨打。我很想知道，我们中国人，能不能自己造出导弹来？需要多少时间?双方就这个问题讨论很久，谈得很投机。看来彭老总心情很急，简直就像交代任务一样。钱先生对导弹原理和国际情况都了然于胸，陈赓就提出请钱先生为部队的校级以上干部作个普及导弹知识的报告。这个计划不久就实现了。在总政排演场礼堂，钱先生连讲了三天。以上这些活动我都参加了，我感到了紧锣密鼓的气氛。

朱兆祥所说的“感到了紧锣密鼓的气氛”，真实地反映了中国军方借助于钱学森回国，刮起了钱学森旋风，导弹旋风。

不久，钱学森又受周恩来总理的邀请，在中南海怀仁堂向党和国家的高层领导人作“导弹概论”讲座。在听众之中，有中共中央书记处书记，有国务院的副总理和部长们。

钱学森清楚地意识到，中国导弹事业，即将腾飞。在美国经过五年的艰难抗争终于回到新中国，值！

毛泽东称钱学森为“火箭王”

这是毛泽东主席举行的宴会。钱学森手持请柬应邀来到宴会厅，却找不到自己的座位！

1956年1月30日至2月7日，中国人民政治协商会议第二届全国委员会第二次全体会议在北京召开。

这次会议除原有545位委员外，新增119位委员。从美国归来才三个多月的钱学森，名列新增委员之中，应邀出席这次大会。这是钱学森首次在中国政治舞台上亮相。

在二届二次会议期间，1956年2月1日晚上，毛泽东以中华人民共和国主席、中国共产党主席、中央军委主席的身份举行盛大宴会，宴请全国政协委员。

钱学森收到了鲜红的毛泽东主席签署的请柬，上面写着他的席位在第三十七桌。

到了宴会厅，钱学森在第三十七桌却找不到自己的名字牌。这时，工作人员领着他来到第一桌，在紧挨毛泽东座位的右侧——第一贵宾的位置，写着钱学森的大名！

这是怎么回事呢？

原来，毛泽东主席在审看宴会来宾名单时，用红铅笔把钱学森的名字从第三十七桌勾到了第一桌。

"来，来，学森同志，请到这里坐。"毛泽东操着浓重的湖南口音，热情地邀请钱学森同自己坐在一起。

钱学森在毛泽东右侧坐下来，顿时成为整个会场的焦点。

宴会一开始，毛泽东就指着钱学森，笑着对大家说："他是我们的几个'王'呢！什么'王'？工程控制论王，火箭王。各位想上天，就找我们的工程控制论王和火箭王钱学森。"

"我现在正在研究你的工程控制论，用来指挥我们国家的经济建设。"毛泽东对钱学森说。

记者拍下了毛泽东与钱学森交谈的照片。钱学森穿一身中山装，脸上漾着微笑。这张与毛泽东主席的合影，成为钱学森一生中的经典照片（见本书 P297图），也是钱学森一生中最难忘的时刻。

此后，毛泽东主席多次接见钱学森，充分表明毛泽东对钱学森的看重。

出任“导弹研究院”院长

钱学森终于来到“抵五个师”的工作岗位——出任新中国的“导弹研究院”首任院长。

那是1956年2月21日，周恩来逐字逐句地审阅了意见书，作了一些修改，并在钱学森起草的《建立我国国防航空工业的意见书》的标题下面署上“钱学森”三个字。

2月22日，周恩来嘱秘书把《建立我国国防航空工业的意见书》印发中央军委各委员。周恩来在送呈中央军委主席毛泽东审阅的那份打印稿上写道：“即送主席阅，这是我要钱学森写的意见，准备在今晚谈原子能时一谈。”周恩来所说的“原子能”，也就是原子弹。那天晚上，要“两弹”一起研究！

正在这时，在北京阜成门外的西郊宾馆，在周恩来总理的直接领导下，200多位科学家聚集在那里，研究制定《1956年—1967年科学技术发展远景规划纲要》，钱学森担任科学规划综合组组长。这个规划确定了57项国家重要科学技术任务。其中的第37项是“喷气和火箭技术”的规划，由钱学森主持，在王弼、沈元、任新民等的合作下完成。

在钱学森作了“喷气和火箭技术”的规划说明之后，中国

钱学森受到周恩来总理的接见

科学院院长郭沫若深受鼓舞，当即挥毫，赋诗一首：

赠钱学森

大火无心云外流，
登楼几见月当头。
太平洋上风涛险，
西子湖中景色幽。
突破藩篱归故国，
参加规划献宏猷。

从兹十二年间事，

跨箭相期星际游。

钱学森很喜欢郭沫若的这首诗，裱好之后，一直挂在他的书房里。

1956年3月14日上午，在中国人民解放军总参谋部，周恩来总理主持中央军委扩大会议。会议一开始，周恩来说道："今天军委扩大会议的议题，就是请钱学森同志谈谈我国发展导弹技术的设想和规划。"

这时，对钱学森的称呼，由"钱先生"改为"钱学森同志"，钱学森感到十分亲切。

钱学森依照《建立我国国防航空工业的意见书》中的内容，向中央军委扩大会议作《发展我国导弹技术》的报告。

这次会议决定建立导弹科学研究的领导机构——"航空工业委员会"（简称"航委"）。这个委员会由周恩来总理、聂荣臻元帅和钱学森等筹备建立。"航空工业委员会"下设设计机构、科研机构和生产机构。

国防部长彭德怀在会上明确提出，中国要搞原子弹和导弹。

这次中央军委扩大会议的讨论结果，上报中共中央书记处、中共中央政治局和毛泽东主席。中共中央政治局作出了在我国发展导弹事业的决定。

1956年4月13日，国防部发出通知：国务院决定成立"航空工业委员会"，直属国防部，聂荣臻任主任，钱学森等为委员。

安东任航委会委员兼秘书长。

聂荣臻主任在仔细研究、征求钱学森等人的意见后，于1956年5月10日向国务院、中央军委提出《建立我国导弹研究工作的初步意见》的报告。

1956年5月26日，周恩来出席中央军委第七十一次会议，讨论并通过了聂荣臻的报告。这次会议做出了发展中国导弹事业的决策。周恩来在会上说："中国发展导弹不能等一切条件都具备了才开始进行研究工作，应当采取集中力量，突破一点的方针。"

会议决定由"航委"负责，组建导弹管理局（国防部五局）和"导弹研究院"（国防部第五研究院）。这两个机构于10月成立，任命钟夫翔为国防部五局局长，钱学森为第一副局长、总工程师兼国防部第五研究院院长。

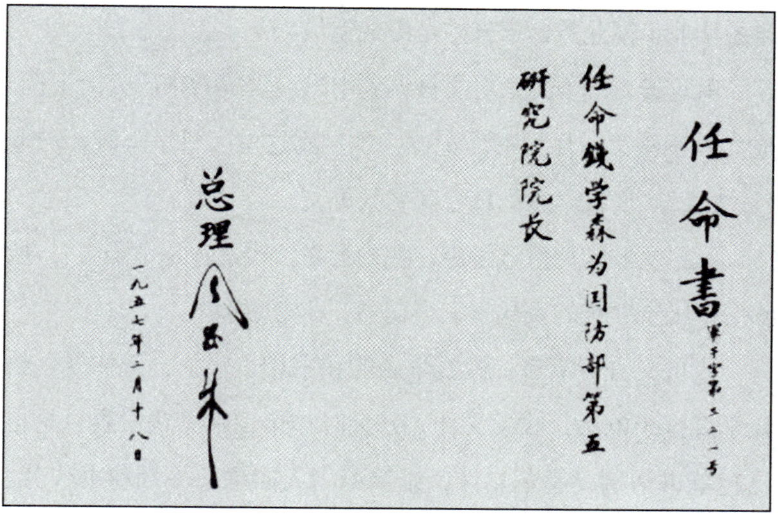
任命書
軍干字第五二一号
任命钱学森为国防部第五研究院院长
总理 周恩来
一九五七年二月十八日

国防部第五研究院院长任命书

新中国把研制导弹的重担，压在了钱学森的肩上。在钱学森的领导下，国防部第五研究院成了“中国火箭和导弹的摇篮”。

女秘书眼中的“国宝”

连她自己都没有想到，她会去做秘书工作，而且是给钱学森当秘书。

1947年，张可文考入北京大学数学系。1951年毕业之后，在北京工农速成中学当数学教师。用她自己的话来说，属于“三门干部”，即出了家门到校门，出了校门到机关门。

1956年7月，领导突然通知她，担任钱学森的秘书。她从来没有做过秘书。后来才明白，当时钱学森回国不久，正需要一位秘书，张可文的一位同班同学推荐了她，一是她北京大学数学系毕业，懂业务；二来她是中共党员。

就这样，29岁的张可文被调到中国科学院力学研究所工作，成为钱学森第一任秘书。记得，她见到这位大科学家时，喊他“钱先生”，而钱学森则直呼其名张可文。

张可文非常尊重钱学森。在她看来，钱学森是“国宝”，能够给“国宝”级的大科学家当秘书，非常荣幸。

张可文告诉笔者，做钱学森的秘书相当轻松，无非就是给钱学森接个电话，收发文件，开会时作个记录。钱学森总是自己起草讲话稿，起草文件，亲笔给别人回信，不用秘书代劳。她原本以为大科学家一定很严肃，不苟言笑。接触时间长了，她发现钱学森讲话很幽默，也很亲切。那时候的她，没有出过国，处于相当封闭的状态，很想知道美国的情况，了解世界科学发展的态势。每当休息的时候，钱学森就讲国外的情况给她听，使她增长了不少见识。钱学森还说，要多看外国的科技杂志，从中获取科技信息以至科技情报。要多掌握几门外语。就连科技广告也要注意，比如从外国的风洞广告就可以大致了解他们的超音速飞机的发展水平。钱学森还教张可文做剪报，即把报刊上有参考价值的文章剪下来，按照不同的主题分类放于不同的牛皮纸袋里。

张可文说，在星期六，钱学森甚至给力学研究所的工作人员作音乐讲座。钱学森主张，科学家要有广泛的兴趣，不能总是待在研究室里。

那时候，中国科学院力学研究所大楼刚造好，所长办公室安排在三楼。那是一个套间，外间是张可文的办公室，里屋是钱学森的办公室。钱学森问张可文，办公桌该怎么安放？张可文从来没有想过这个问题，一时答不上来。钱学森告诉张可文，办公桌应该放在办公室左侧靠窗的地方，这样一抬头就看见房门，尤其是钱学森坐在里屋，一抬头可以看见两间办公室的门。钱学森还关照，他的办公室里的门，门锁要朝里，这样只有他从屋里开门，门才能打开，外面的人打不开他的办公室的门。张可文一听，钱学森这样安排办公桌的位置，确实很有道理，她非常佩服钱学森的细心，连办公桌怎么放、房门的锁怎么安装，都有一番讲究。

在钱学森办公室隔壁，是副所长办公室。当时的力学研究所副所长，是钱学森的好友郭永怀。

张可文回忆说，1956年那时候，工作热情都很高，力学研究所差不多都是三时段上班，即除了上午、下午上班之外，晚上仍然开会，所以力学研究所入夜仍灯火通明，食堂通常供应夜宵。钱学森总是回家吃饭，从研究所到家大约要走十几分钟，每天来回走三趟。当时中关村尚在初创时期，从研究所到家要路过一大片田野。那时候张可文住在中关村宿舍10号楼，钱学森住在14号楼，钱学森在夜间回家时，总是跟张可文一起回去。

张可文说，钱学森生活很朴素，穿普通的中山装，脚下是

1956年钱学森在中国科学院力学研究所办公室

一双北京圆口布鞋。

跟钱学森接触多了，张可文对这位大科学家也就敢说敢言。

张可文记得，从美国回来不久的钱学森，一股“外国作风”，讲话直来直去，不讲情面。有一回一位北京大学数学系的副教授来见钱学森。进了钱学森办公室，可能是钱学森对他有看法，也可能钱学森当时没有注意，尽管办公室里有椅子，也没有叫人家坐下来。那位副教授就站在钱学森的办公桌前毕恭毕敬地跟钱学森谈话，谈了十几分钟，钱学森最后说了一句话：“连这样的问题你都不懂？”那位副教授顿时脸涨得通红，很尴尬地站了一会儿，向钱学森鞠了一躬，走了。

坐在外屋的张可文，清清楚楚看见这一幕。当时，张可文不便说什么。过了些时候，张可文向钱学森说：“树有皮，人有脸，人家到底还是一个副教授，不能那样对待他。”

钱学森沉默不语，一声不响。

不过，张可文发觉，从那以后，钱学森再也没有那样对待别人。

事情过去20多年，1980年钱学森在一次谈话中曾经说及，我最初的秘书张可文对我帮助很大。

这话传到张可文的耳朵里，她感到茫然，不知钱学森所说的“对他帮助很大”是指什么事。

1987年钱学森来到中国科学院自动化研究所开会，张可文也去了。在会上，钱学森当着大家的面，指着张可文说，她曾经是我的秘书，对我帮助很大。

张可文依然不知所云，又不便于问钱学森。

直到2005年纪念钱学森回国50周年时，力学研究所的老人谈庆明研究员遇到钱学森之子钱永刚，问起此事，方知钱学森说的是张可文“树有皮，人有脸”那句话对他触动很大。其实，张可文早就忘掉此事，经钱永刚重提，她才记起往事。

张可文说，钱学森如此虚心接受意见，错了就改，很令她感动。

在张可文担任秘书之后，席卷全国的反右派斗争开始了。

1956年钱学森在北京与法国原子核物理学家居里夫人的女儿海伦·郎之万交谈（姜伟摄）

这是钱学森回国之后经历的第一场激烈的政治运动。在“大鸣大放”中，要响应号召，贴大字报。当时力学研究所给钱学森贴大字报的人不多，因为他冲破美国的重重罗网回国，大家都很敬重他。不过他毕竟是一所之长，总不能没有大字报。于是，张可文给钱学森贴大字报，说钱学森太严肃，接近群众不够。为了响应号召，钱学森也不能不写大字报。钱学森给张可文写大字报，说她“太孩子气”。

钱学森平日在政治上出言谨慎，而且当时他正在争取入党，所以他在反右派斗争中没有受到冲击。

在钱学森入党时，入党介绍人有两位，一位是“天线”，即上面的领导，中国科学院秘书长杜润生；另一位是“地线”，即钱学森所在单位的党员，最初指定张可文为“地线”。后来,“地线”改为力学研究所党委书记杨刚毅。

张可文说，钱学森对中国共产党、对毛泽东主席的感情是很真挚的。钱学森作为著名科学家，有很强的自尊心。他在美国遭受那样不公正的待遇，认为是极大的污辱。正因为这样，他回到祖国，他非常佩服毛泽东主席，因为毛泽东敢摸美国的“老虎屁股”，敢于与美国这样世界上最强大的国家相抗衡。所以他迫切要求加入中国共产党，急切地要为祖国做出贡献。

从1956年7月张可文担任钱学森秘书，至1959年3月调离，前后两年半多时间。

“中将”军衔的传说

1957年9月7日，一架苏制伊尔18客机从北京西郊机场起飞。这是中国政府工业代表团的专机。代表团团长是国务院副总理聂荣臻，副团长是第三机械工业部部长宋任穷、中国人民解放军副总参谋长陈赓。

这个代表团总共31人，大多数团员身穿军装。虽然名为“工业代表团”，实际上这是中国政府派出的“两弹”代表团，就苏联政府援助中国研制“两弹”进行谈判。

国防部第五研究院院长钱学森出现在代表团之中，不言而喻，他代表“两弹”之中的导弹。第三机械工业部部长宋任穷则代表“两弹”之中的另一弹——原子弹。

1956年11月，成立了由宋任穷任部长的第三机械工业部，其实就是原子能工业部。1958年，第三机械工业部改称二机部。

那个年月，中苏两国的关系不错，作为同属社会主义阵营的兄弟国家，苏联给中国提供先进的科学技术。中国在“两弹”技术方面，也积极争取苏联“老大哥”的帮助。

第二次世界大战结束后，苏联搜寻了3500名德国工程师、技工和他们的家属，其中最大的收获就是找到赫尔穆特·格罗特鲁普，他是德国佩内明德火箭中心制导控制系统的专家。苏联把他们集中到莫斯科以北200公里的格罗多姆利娅岛上，在那里建立了第八十八研究所。苏联在德国专家的帮助下，以德国V-2火箭为蓝本，仿制成功第一枚国产P-1导弹，在1947年10月

18日试射成功。从此，苏联掌握了制造导弹的技术。

那么，中国能不能以苏联的导弹为蓝本，仿制出自己的近程导弹呢？

1956年1月12日，中国国防部部长彭德怀与陈赓大将在接见苏联军事总顾问彼德鲁瑟夫斯基时，征询苏联方面对中国发展火箭、导弹的建议，并提出请苏联提供导弹图纸、资料及有关技术援助的问题。

1956年8月，聂荣臻让国务院副总理李富春出面，写信给苏联部长会议主席布尔加宁，提出了请苏联在导弹技术方面援助中国的问题，并提议中国派政府代表团去苏联谈判。

9月，苏联方面答复说，对于中国的导弹技术方面的援助只限于培训，他们可以派5名教授来中国讲学，还可以接受50名留学生到苏联学习。另外，可以为中国提供两枚供教学用的P-1型地对地导弹模型。这表明，苏联在导弹技术方面给予中国的帮助是有限的。

1956年10月，东欧发生了波兰、匈牙利事件。为了镇压匈牙利的反对派，赫鲁晓夫派出苏联军队前往匈牙利。布达佩斯街头响起苏军坦克的轰鸣声——20万苏军长驱直入匈牙利。顿时，世界上响起一片谴责声，苏联在外交上陷于孤立，需要在政治上寻求中国的支持。

此后不久，赫鲁晓夫陆续把政敌马林科夫、莫洛托夫、布尔加宁以及国防部部长朱可夫等赶下台，独揽苏联党政大权，但是赫鲁晓夫立足未稳，也需要在政治上寻求中国的支持。

于是，苏联显示出对中国的“格外友好”，中苏关系进入了“蜜月期”。

聂荣臻以为时机到了，请示周恩来总理可否再向苏联提出给予国防新技术上的援助。所谓“国防新技术”，也就是“两弹”。

周恩来指示，可以找阿尔希波夫一谈。

伊·瓦·阿尔希波夫就住在北京。1950年，他受斯大林的派遣来到中国，出任苏联驻中国经济技术总顾问、苏联来华专家组总负责人，一直工作到1958年。回国后担任苏联部长会议第一副主席，晚年，作为中国友好人士，阿尔希波夫担任俄罗斯中国友好协会名誉主席。

1957年6月18日傍晚，聂荣臻和对外贸易部副部长李强一起，来到北京东交民巷的一个拐角处的小楼，拜访住在那里的阿尔希波夫，表示中国政府希望苏联能够在“国防新技术”上给予帮助。

阿尔希波夫当即表示，马上向苏联政府转达中国政府的意见。

7月20日，聂荣臻和李强应邀再一次来到东交民巷那幢小楼。阿尔希波夫说：“元帅阁下，您上次提出的国防新技术援助的问题，我国政府对中国政府的要求表示支持。我受权宣布，苏联政府同意在适当的时候，由中国派政府代表团去苏联谈判。”

经过毛泽东主席、周恩来总理的同意，聂荣臻副总理开始组建代表团，准备赴苏联谈判。

关于钱学森访问苏联，曾经有过一个流传甚广的“故事”：

钱学森在莫斯科

苏联国防部提出，苏联的火箭、导弹和其他尖端技术设备属于高度保密的单位，中国代表团的成员之中，只有相当级别的政府官员和相当高级军衔的军官才能参观。

在代表团成员之中，钱学森是最资深的中国导弹专家，他是必定要去参观苏联那些高度保密的单位。然而，钱学森没有军衔，更谈不上“高级军衔”了。

周恩来总理知道了这件事，建议中央军委马上授予钱学森中将军衔。周恩来幽默地说，早在1945年美国政府就曾授予钱学森上校军衔。现在已经过了12年，我们为什么不能让他当将军呢？就是按军队的晋升制度，也该轮到钱学森当将军了。

毛泽东得知此事，说道，恩来同志考虑得很周到。我想，钱学森同志至少也得授予中将军衔。

就这样，中央军委很快就作出决定，授予钱学森中将军衔。于是，钱学森佩中将军衔，出现在苏联。

虽然这一传说有鼻子有眼，但是有三个明显的漏洞：

一是在《中国人民解放军将帅录》里面查不到钱学森；

二是从未见到钱学森佩中将肩章或者领章的照片；

三是在《毛泽东传》《毛泽东年谱》《建国以来毛泽东文稿》以及《周恩来传》《周恩来年谱》中，没有查到相关的记录。

钱学森之子钱永刚教授告诉笔者，这纯属讹传，他说：“造谣都造到毛泽东主席、周恩来总理头上去了！”

钱学森本人也曾经对秘书涂元季说过：“这是误传。”

钱学森是在1970年6月12日出任国防科委副主任时入伍的。从那时起，钱学森才穿上中国人民解放军军装。在此之前，钱学森还没有中国人民解放军军籍，怎么可能有中国人民解放军军衔？

关于钱学森本人否认曾经被授予中将军衔一事，韦锡新给笔者寄来他的文章，讲得最为清楚。钱学森称，关于他被授予中将军衔是“小道消息”，不要相信：

> 1985年11月7日，我和中国未来研究会的王建新同志，来到钱学森办公室汇报工作。当时，钱老除担任国防科工委科技委副主任外，还担任中国科协副主席、中国未来研究会顾问等职务。在他的办公室里，我当面问他回国后是否被授予军衔一事，钱学森直截了当地说：“我回国后没有被授予军衔。在（国防部）第五研究院工作时，我这个院长没有穿过军装，后来调到国防科委，穿上军装，已取消

军衔制了。”我又问，有次您去苏联访问，为了便于工作，被授予中将军衔，有这回事吗？钱学森说，根本没这回事，我是和聂荣臻元帅一起去的。最后钱学森对我说，不要轻信小道消息。

钱老讲这些事情时，在场的有我和王建新两个人。如今王建新可以证明。

当时，钱学森作为中国政府工业代表团的成员访问苏联，苏联方面对他格外注意，因为苏联方面知道钱学森的学识和阅历，知道1945年钱学森曾经作为美国国防部科学咨询团上校，考察了德国的导弹基地，审讯了德国导弹专家。钱学森是代表团中唯一的资深火箭导弹专家。当时的苏联导弹尚处于仿制德国导弹的阶段。正因为这样，在参观苏联导弹基地的时候，苏联方面总是请钱学森去给大学作讲座，或者安排与苏联科学家见面。苏联方面对钱学森解释说，“那些导弹你在德国、美国都看过，不值得去参观，对于曾经担任美国加州理工学院喷气推进中心主任的你，不值得费时去参观那些不屑一顾的东西。”

在访苏期间，苏联科学院邀请钱学森作讲座。钱学森就工程控制论作了讲座，因为一年前他的著作《工程控制论》俄文版刚在苏联出版。钱学森对于工程控制论的见解，引起苏联科学家们的莫大兴趣。

聂荣臻和钱学森考虑到苏联方面愿意提供关于研制导弹的

钱学森与苏联专家

有限技术帮助，决定中国导弹研制工作采取这样的步骤：先仿制，后改进，再自行设计。

手心上的神机妙算

1958年1月5日，钱学森突然接到来自中国人民解放军总参谋部的一个紧急任务，要求他作为中国的专家，协助寻找苏联第一颗人造地球卫星“斯普特尼克1号”的残骸。

“斯普特尼克1号”自从1957年10月4日发射成功后，在太空运行了22天，由于卫星上的电池电能耗尽（那时候还没有配备太阳能电池），失去了工作能力。“斯普特尼克1号”围绕地球运转了六千万公里，于1958年1月4日从太空向地球坠落。

在“斯普特尼克1号”坠落时，苏联驻中国大使馆紧急通知中国政府，宣称“斯普特尼克1号”坠落的地点很可能在东亚，其中落在中国领土上的可能性最大。对于苏联来说，“斯普特尼克1号”不论是进入大气层之后烧焦或者是坠落地面时撞成一团碎片，残骸都极具科学研究的价值，因为这毕竟是人类第一颗人造地球卫星。

当时，中苏关系良好，中国政府理所当然答应尽力帮助苏联寻找“斯普特尼克1号”残骸。这一紧急而又特殊的寻找任务，交给了中国人民解放军总参谋部。总参谋部当即把这一紧急情报通报各军区，逐级下达。与此同时，总参谋部也通报国防部第五研究院，请钱学森院长关注此事。

没几天，沈阳军区旅大警备区报告，说是一位战士在值夜班时，看见一团火从天而降，划过夜空。会不会是“斯普特尼克1号”坠落呢？

中国人民解放军总参谋部作战部部长王尚荣很重视沈阳军区旅大警备区的报告，决定从北京调一架专机飞往那里调查。王尚荣把任务交给了林有声，并请钱学森作为专家前去调查。

林有声，1938年9月入伍，1942年5月加入中国共产党。历任参谋、训练队长、军分区作战股长、参谋、主任、团参谋长、副团长、三十一师副参谋长、十二军参谋长，后来担任江苏省军区司令员。林有声在朝鲜作战时，在上甘岭采用坑道战术，建树功勋。

作为中国人民解放军的高级军官，林有声曾经听过钱学森关于导弹技术的讲座。但是与钱学森共同执行任务，还是第一次。

事隔半个世纪之后，林有声回忆起当年，讲述了一个极其精彩的关于钱学森的故事：

> 这次前往实地考察的总共只有七八个人，除了空军派来保障飞行的一位干部，以及总参谋部派来的我外，其他的都是专家。钱学森和其他专家一样都是身穿中山装，穿着很朴素，个子也不高，中等身材，但绝对是一表人才。
>
> 那架专机是第二次世界大战时用的苏联飞机，最多也就能坐十几个人，飞机里面的噪音也很大，所以一路上大家都没多说话。飞机飞得很快，大概一个多小时就到了，到的时候是上午9点多钟。旅大警备区的司令员曾绍山亲自到机场迎接，并安排了吃住。曾绍山说，已经派了大队人马按照那位士兵所说的方位去找那颗卫星了，不过现在还没有消息，等有消息了就带专家一起过去看。
>
> 钱学森不住地问问题，问得很详细。等了大概有一个多小时后，钱学森就有点儿坐不住了，于是就跟曾绍山商量，让他们也一起去现场找找看。这时已经11点多，曾绍山就说要不等吃过饭再去。但钱学森不同意，说哪怕晚点

儿吃饭或者不吃，也要尽快去核实一下。曾绍山经不住再三要求，于是就带专家们一同前往现场了。

到了现场后，钱学森请部队同志把那位发现卫星降落的士兵叫来，让士兵把当时看到的情况再详细描述一遍，又让士兵回忆当时所站立的具体位置，然后又问他当时头摆在什么方位时看到火光的，火光从哪里划到哪里，成什么角度。钱学森一边让士兵模拟还原现场，一边就用笔在左手手心里写写画画。

因为当时走得匆忙，没有想到要带纸笔给专家备用，所以当时钱学森就只好拿钢笔在自己的左手心里画。我当时就站在钱学森的旁边，看到他手心里画着一条抛物线，下面是一些阿拉伯数字，具体是什么意思，我这个外行可就看不懂了。

就这样，钱学森不停地写写画画，不一会儿他对我和其他专家说："从士兵所描述的轨迹来看，不像是苏联卫星的轨迹。就算是那颗卫星的轨迹，按照这个火光飞行的角度，落在这里的可能性也不大，起码落在2000公里以外的地方，很有可能不在中国。"

钱学森得出结果后，就让曾绍山通知大家不用再找这颗卫星的遗骸了，这样会浪费大家的精力。这时已经是下午一两点钟，大家赶回市里，吃了一顿饭，稍事休息后就乘坐飞机返回北京了。

下了飞机后，这时北京的街边路灯已经亮起，专家们都各自回家了，而我还要赶回单位汇报工作。到了单位，一个值班的工作人员告诉我，卫星确实不在我们国家，苏联大使馆发来最新通报，卫星好像落到了阿拉斯加了。我听后，对钱学森敬佩不已。钱学森计算得没错！

钱学森那画画算算，除了他深谙火箭、导弹、卫星技术之外，还有他那从小培养的数学才能。难怪在美国的时候，连冯·卡门都一再夸奖："钱的数学能力极强。""钱的这种天资是我不常遇到的。"

钱学森手心上的神机妙算，从一个小小的事例，折射出他的深厚的科学功底。

第五章

“两弹一星”的故事

入党的时刻

钱学森在美国遭到“驱逐出境”,“理由”是“他是共产党”。

1955年9月，钱学森回国途中，他所乘坐的“克利夫兰总统号”停靠在菲律宾马尼拉港口时，有位记者还问他：“你究竟是不是共产党员？”钱学森答：“共产党员是无产阶级的先进分子，我还没有资格当一名共产党员呢！”

回国之后，钱学森终于从内心发出强烈的声音：我要做一名中国共产党党员！

1958年初，钱学森向中国科学院党组书记张劲夫吐露心曲：要求加入中国共产党。

张劲夫回忆起钱学森在1958年初向他提出入党申请的情形：

在科学院，我家住在北太平庄12号楼。一天晚上，钱学森同志一个人找到我家里，谈了他在美国20年，所有工作都是在做准备，准备将来为祖国做点事情，所以一美元的保险也不买；回国后，为使人民过上有尊严的幸福生活，将竭尽全力建设自己的国家，并郑重地提出了入党的要求。我很赞同，告诉他按照党章必须经两个人介绍，要他自己找两个入党介绍人。我感到十分欣慰的是，我们科学院党组及时批准了钱学森的入党申请。记得他的入党介绍人是杜润生和杨刚毅两位老同志。当他们介绍了钱学森的情况以后，党组成员一致通过。事实证明，我们的决定是完全正确的。钱学森同志以他的行动表明，他是我党的一名优秀党员，科技界的一面旗帜。他的回国带动了一批海外学子的归来，而他的入党又推动了科学院一大批知名科学家政治上的进步。

钱学森要求加入中国共产党，是极其真诚的。

1959年1月5日，中国科学院党委通知力学研究所党总支：钱学森“已被接收为中国共产党预备党员，预备期一年，自1958年10月16日至1959年10月16日”。

1959年11月12日，力学所所办支部大会一致通过钱学森转正。从此，这位科学家就成为中国共产党的一名正式党员了。

加入中国共产党，是钱学森人生道路上的里程碑。从此，他有了坚定的政治信念，在中国共产党的领导下，为共产主义事业奋斗终生。

主动要求降为副职

通常，人们视副职转正为仕途升迁，而钱学森则反其道而行之，主动要求从正转副，只求有利于工作。

从1960年3月开始，国防部第五研究院的院长不再是钱学森，而是由空军司令员刘亚楼兼任，钱学森改任国防部第五研究院的副院长。

钱学森为什么从正院长“降”为副院长呢?

这是钱学森再三主动要求的。

原来，他在美国担任过加州理工学院航空系系主任，也担任过加州理工学院喷气推进中心主任，那时候美国的这些正职没有太多行政事务，他可以专心于研究工作。然而，在中国，他担任国防部第五研究院的院长，行政事务一大堆，他无法专心从事研究工作。所以他主动请辞正职。组织上终于同意他担任副职的请求，派了空军副司令员王秉璋当副院长，主持常务工作。

后来，钱学森担任国防科委副主任、第七机械工业部副部长等一连串副职。

此外，他不参加剪彩仪式、鉴定会、开幕庆典，也不为人题词、写序，不兼任任何顾问、名誉顾问之类荣誉性职务。

身边多了一个军人

1960年夏日，对于钱学森来说，是最忙碌、最紧张的时刻：苏联专家即将撤走，而“1059”导弹的研制工作正进入关键时期。

就在这个时候，公安部门获知，蒋介石的特务机关派特务企图暗杀钱学森！

那是台湾特务机关获知中国大陆在着手研制导弹、原子弹这“两弹”，高度紧张也高度关注。因为中国大陆一旦有了“两弹”，无疑是对蒋介石的“反攻大陆”计划的沉重打击。钱学森作为“两弹”的第一号科学家，理所当然成为蒋介石特务机关的关注目标。

笔者从青海的核基地得知，1964年9月，台湾派遣特务陈炳宏从深圳入境，来到青海西宁，利用陈炳宏之子陈安仪在西宁的家作掩护，搜集情报。陈安仪的清华大学女同学朱淑英在221厂驻西宁办事处工作，陈安仪在跟朱淑英“聊天”时获知重要情报：“221厂是搞原子弹的，中共的原子弹就要做成功了，原子弹用的核材料有铀235、铀238，221厂里有3万人，军队警戒森严。”

其实，就在陈炳宏入境时，已经受到公安部门跟踪。陈炳宏在准备经香港回台北的时候，连同他的儿子陈安仪以及泄密者朱淑英一起被捕。台湾方面见陈炳宏迟迟未归，又派他的妻子、特务卓娅入境，刚在西宁下车就被捕了。经过审判，陈炳宏被判处死刑，陈安仪判17年有期徒刑，卓娅判无期徒刑，朱淑英判7年有期徒刑。陈炳宏刺探核机密案，暴露了蒋介石特务机关破坏大陆“两弹”计划的行径。

就在这个时候，钱学森的身边多了一个军人。这个军人不仅“进驻”钱学森家中，而且钱学森走到哪里，他必定在钱学森之侧1.5米至3米的地方。倘若钱学森去开会，他守在会议室门口，真可谓如影随形。

这个军人还有一个“规矩”：钱学森上楼或者上山，他走在钱学森后面；钱学森下楼或者下山，他走在钱学森前面。这样，钱学森一旦发生意外，他都可以伸手一把抓住钱学森。

这位军人名叫刁九勃。他原本在中国人民志愿军保卫部工作，1958年10月从朝鲜撤回之后，分配到国防部第五研究院导弹训练营（对外称“教导大队”）保卫科工作。

1960年夏天，刁九勃突然接到调令，到国防部第五研究院钱学森身边工作，职务是警卫秘书。

钱学森虽然从担任中国科学院力学研究所所长开始就有了秘书，但是从来没有专职的警卫秘书。

刁九勃突然调任钱学森警卫秘书，他向笔者透露了其中的内情：

那是1960年春，趁着中苏关系恶化，蒋介石在台湾准备“反攻大陆”，策划暗杀中国大陆的导弹专家钱学森。公安部部长罗瑞卿获得这一情报，立即报告总参，报告主管国防科研的聂荣臻元帅。聂荣臻元帅迅即报告周恩来总理。周恩来总理高度重视这一情报，指示要加强钱学森的保卫工作。

当时，钱学森在中关村的住处所在小区，是有警卫站岗的，但是那警卫是管整片小区，并非专门警卫钱学森。钱学森的工作单位——国防部第五研究院，有一个警卫连24小时值勤，但是那警卫连是管第五研究院的安全，也并非专门警卫钱学森。聂荣臻元帅为了落实周恩来总理的指示，与公安部部长罗瑞卿商议，决定给钱学森增派专门的警卫。

当时有两种方案，一是从中国科学院力学研究所派出警卫，二是从国防科委派出警卫。国防科委属于部队编制，从国防科委抽调警卫显然更加合适。

公安部部长罗瑞卿以为，光是给钱学森派一个警卫是不够的，应当配备警卫秘书。按照当时公安部的规定，只有"四副两高"才够得上配备警卫秘书。所谓"四副两高"，那"四副"是指中共中央副主席、国务院副总理、全国人大委员会副委员长、全国政协副主席，而"两高"是指最高法院院长、最高检察院检察长。在当时的中国科学家之中，"享有"这种待遇的只有两人，即钱学森与钱三强，一位是导弹专家，一位是核专家。

多年从事保卫工作的刁九勃，被选中担此重任。刁九勃受命24小时随身警卫钱学森。

刁九勃记得，国防部第五研究院政委刘有光少将约见他。刘有光指出，把钱学森的安全保卫工作做好了，把钱学森的生活照顾好了，就是对国防科学研究的重大贡献。

刘有光少将很细心，他深知钱学森作为一个知识分子，老是有一个人整天跟着他，会很不习惯，甚至不喜欢。刘有光叮嘱刁九勃要做好钱学森的思想工作，要善于跟家中的老老少少打成一片，跟他们搞好关系，他们的满意就是你最大的成功。

刘有光关照刁九勃：“你要把在钱学森身边工作的同志团结好，组织好，你是核心，是领导。无论出了什么事，我都要找你。”

刘有光还说：“你在钱学森家遇上什么困难，随时向我汇报，我会尽力帮助解决。”

带着领导的高度信任，刁九勃向首长钱学森报到，开始执行任务。

刁九勃一上任，就对钱学森的工作环境、住宿环境进行检查。他以为，工作环境的保卫工作不错，但是住宿环境的保卫工作显然不行。钱学森在中关村住的是中国科学院宿舍大楼，而中国科学院是民用单位，人进人出，很难警卫。

刁九勃向领导部门建议，为了保证钱学森的安全，钱学森家必须迁出中关村的宿舍大楼。

也真巧，随着中苏关系恶化，苏联导弹专家撤离中国，阜成路8号的国防部第五研究院苏联专家宿舍空空如也，正好可供钱学森迁居之用。由于国防部第五研究院是部队单位，本来就门卫森严，何况专家楼不是宿舍大楼，一个单元三层，六套房子，容易警卫。

钱学森的新居比原来大，也就把父亲、蒋英母亲以及蒋英的奶妈接来一起住。于是，底楼的两套房子，1号房由刁九勃等工作人员居住，2号房由钱学森父亲钱均夫以及蒋英母亲蒋左梅、蒋英奶妈三姨妈居住，二层的3号房由钱永刚和钱永真居住，4号房由钱学森夫妇居住。三楼的5号房、6号房住的也是国防部第五研究院的同事。这么一来，钱学森住处的安全有了保障。

在整个小区，有警卫连值勤。晚间，小区里还有哨兵巡逻。

外人要见钱学森，除了必须在大门口的值班室填会客单登记、交验证件之外，值班室还要给钱学森家中打电话，征得同意，才能入内。

姓钱不爱钱

钱学森1955年回国之后，中国科学院按照教授一级工资，给钱学森每月335.8元人民币。1957年起，钱学森当选中国科学院学部委员，每月增加津贴100元人民币。另外，当时中国科学院每年年底给钱学森500元人民币左右的奖金。

钱学森的收入，虽说无法跟他在美国的工资相比，但是与当时普通工人的收入相比，还是不错的了。当时中国普通工人每月工资是32元至140元人民币之间，厂长、经理和处级干部收入在130元至270元人民币不等。

钱学森夫人蒋英，每月工资为190元。

钱学森夫妇除了负担两个孩子之外，还要负担钱学森父亲和蒋英母亲以及蒋英奶妈。后来钱学森父亲成为国务院文史馆馆员，有了自己的工资，就不用钱学森负担了。

钱学森在1959、1961年两次获得稿费分别为3700元、11568元，全部捐献。迄今，一封已经发黄的《1961年校党委为钱学森向学校捐款所致感谢信》，仍珍藏在中科大校史馆里；苏联1957年给钱学森26000卢布的礼金（当时折合人民币14700元），也全部捐献。

凡是钱学森与他人合写的文章，钱学森总是把自己的稿费让给合作者。钱学森总是对合作者说：“我的工资比你高，你留着补贴家用吧。”1990年前，钱学森和他人合作著作共七部，他把自己应得的稿费14238元，全部赠给合作者。

钱学森姓钱不爱钱，传为美谈，感动了许多与他共事的人。

刁九勃作为警卫秘书，成为钱学森身边工作人员的总负责人。蒋英的奶妈三姨妈就送给刁九勃一个外号，叫他钱家的“大管家”。没想到，后来大家都喊刁九勃为“大管家”。

刁九勃手下有管理员。管理员负责钱学森家的采购工作。刁九勃回忆说，管理员在每月初向蒋英领取一笔生活费用，月底向刁九勃报账，经过刁九勃审核之后，交给蒋英过目，然后再领取下个月的生活费用。开门七件事，都由管理员张罗，钱学森可以从不过问家庭生活琐事，就连两个孩子上学的各种费用，都由管理员负责支付，不用钱学森操心。刁九勃叮嘱管理员，能够为钱家节省的，就尽量节省，绝对不能浪费。

刁九勃手下还有炊事员和保姆。

炊事员王永顺回忆说，首长愿意吃什么菜呢？他是南方人，爱吃蔬菜，清淡的，不要放酱油，不搁花椒、大料，不吃葱姜蒜，吃鱼也不能放葱姜蒜，喜欢吃饼，爱吃面条，经常吃黄鱼面。

第一任管理员叫李国香。第二任管理员是邢保平。每天，管理员到东单或者西单菜市场买菜，交给炊事员。炊事员负责钱家老小的一日三餐。炊事员汪师傅很善于琢磨钱家的口味，知道钱学森是南方人，菜尽量清淡，隔三岔五吃点鱼。

立夏时节，长江鲥鱼肥。虽说价格贵了点，管理员还是买了一条。那天汪师傅精心做好清蒸鲥鱼，钱学森赞不绝口，他已经很久没有吃到如此鲜美的鲥鱼了。

汪师傅知道钱学森的父亲喜欢吃面条，就把面条先放佐料煮一煮，再用卤汁卤一卤，味道就比用白开水煮面条好吃多了。

蒋英的母亲蒋左梅是日本人，喜欢吃热的、软的东西。汪师傅专门给她炖菜，蒋左梅连声道谢。

那时候，钱均夫的干女儿钱月华虽然不住在钱家，但是常去看望钱均夫。刁九勃就从钱月华那里打听“老爷子”对伙食的意见，因为钱均夫很客气，刁九勃往往很难当面从他那里征求到对伙食的意见。

刁九勃说，钱家的伙食其实很一般，钱学森如果不出差，三顿饭差不多都是跟家人一起吃。当时钱学森应酬不多。

聂荣臻元帅很关心钱学森。那时候正值三年自然灾害时期，有一回聂荣臻元帅从军区的慰劳品中，送了半头猪给钱学森。刁九勃就把这半头猪交给食堂，然后分期分批从食堂领取猪肉给钱家。炊事员高高兴兴做了一碗红烧肉端上饭桌，钱学森一看见就追问，这么多肉从哪里来的？尽管刁九勃解释说是聂荣臻元帅送的，钱学森还是坚持生活上不能特殊化，关照以后不要从食堂领取猪肉。

保姆工作也很尽心，除了照料钱学森夫妇起居，还照料钱家三位老人和两个孩子。这样，钱月华就用不着每天去那里照料老人了。不过，每星期二，钱均夫必定乘公共汽车来到东四马大人胡同，看望钱月华，在她那里一起吃中饭，直至下午3时，才乘公共汽车回阜成路8号大院。也有时，钱月华到阜成路8号大院看望钱均夫。

钱学森与炊事兵

钱学森的一对儿女迅速长高，看到两个孩子的衣服小了、短了，刁九勃就让管理员去买。

钱学森出差时，秘书与警卫秘书刁九勃随行。有时候，秘书没有去，刁九勃则一定要去。钱学森乘火车，刁九勃同行。钱学森去酒泉基地，每一回从北京南苑机场乘飞机，刁九勃也都同行。就连钱学森平时乘坐吉姆轿车外出，刁九勃也必定同坐在车上，以保障钱学森的安全。钱学森去人民大会堂开会，刁九勃总是送他进大门，然后到钱学森的专车上待命。会议一结束，刁九勃就到人民大会堂大门口等待，钱学森一出门，就由他领路，来到专车。

刁九勃说，钱学森当时每天的工作时间表是“9上、3上、8开会”，即上午9时上班，下午3时上班，晚上8时开会。通常钱学森在早上6：30起床，7：20早餐。

晚饭之后，钱学森总是与夫人蒋英在住地附近散步。这时，刁九勃远远跟在后边。后来觉得老是这样跟着不方便，何况住地附近有哨兵值班，刁九勃就不再跟随。钱学森散步回来之后，再去第五研究院开会，刁九勃就同去，直到钱学森开会结束，刁九勃又同归。

“争气弹”首战告捷

就在中国研制第一枚导弹“1059”的时候，中苏关系破裂，苏联撤走专家与设备。

1960年10月中旬，陈毅、聂荣臻、陈赓受周恩来总理的委托，在人民大会堂举行一次大型宴会，宴请著名科学家和工程师。钱学森应邀出席。

聂荣臻元帅在宴会上说：“逼上梁山，自己干吧！靠别人是靠不住的。以后就靠在座的大家了。党中央寄希望于我们自己的专家！”

钱学森发表即席讲话：

“聂帅说，中国的科技人员并不比别人笨，这是客气了。我说，中国科技人员是了不起的。我们不仅有聪明智慧，我们还能够艰苦奋斗。只要国家给了任务，大家便会夜以继日、废寝忘食地去干，甚至为此而损害健康，直到牺牲，也不泄气。有了这种精神，我们就不怕落后，不怕困难多。我们一定要赶上去，我们能够赶上去！”

国防部第五研究院在钱学森的领导下，带领着任新民、屠守锷、梁守槃、黄纬禄、庄逢甘、林爽、谢光选等一大批优秀专家，独立自主、自力更生研制“1059”导弹。

发射“1059”导弹的工作，不仅没有因为苏联专家的撤走而推迟，反而加紧了发射的准备工作。

中央军委作出决定，用国产推进剂发射“1059”导弹，时间定在1960年11月5日。

为了落实中央军委的决定，1960年9月，成立了“1059”导弹首次试验委员会。张爱萍上将为主任，钱学森、王诤为副主任。陈赓大将由于患病，研制导弹的领导工作由张爱萍上将替代他。

陈赓大将是铁汉子。在筹建“哈军工”的那些日子里，由于工作劳累，陈赓的心绞痛便已频繁发作。1957年冬陈赓作为中国政府工业代表团副团长与钱学森一起去苏联，回国之后突发心肌梗死，不得不在医院休息三个月。此后，他胸口常痛，却如同“拼命三郎”，依然超负荷工作。1960年夏，陈赓第二次心肌梗死，经过抢救才从死神魔爪下逃脱。到了冬日，胸口疼痛加剧，他仍坚持工作。1961年3月16日，陈赓大将因第三次心肌梗死而病逝于上海，终年仅58岁！陈赓逝世前一天，还在为他的《作战经验总结》写作序言……

当陈赓的骨灰盒用专机运送抵达北京西郊机场时，钱学森闻讯赶往机场迎接。他对陈赓大将的突然去世，深感悲痛。

按照中央军委的决定，钱学森有条不紊指挥着“1059”导弹发射前的准备工作。

1960年9月，第一枚“1059”导弹总装圆满完成。

就在“1059”导弹准备从北京运往酒泉导弹试射场的时候，1960年10月24日，苏联发生了一次世界上最惨烈的导弹悲剧，苏联国防部副部长、炮兵主帅和战略火箭军总司令米特罗凡·伊万诺维奇·涅杰林元帅以及发射场上的160名工程科技人员全部遇难！

那天，正是苏共中央第一书记赫鲁晓夫访问美国的时候。赫鲁晓夫临行前给涅杰林元帅下达任务的时候说：“当我赴美国谈判，我的脚踏上美利坚合众国的土地时，你要给我放一枚导弹，吓唬吓唬美国人。”

赫鲁晓夫下令发射的是苏联刚刚研制成功的东方号运载火箭运载月球探测器。在拜克努尔发射场发射前夕，发现一级发动机氧化剂和燃料管路内的高温隔膜故障。按照规定，必须把已经装好的液体燃料全部卸载，才能进行修理。作为苏联导弹主帅，涅杰林当然明白这一点。但是全部卸载液体燃料，那么就不能在赫鲁晓夫的“脚踏上美利坚合众国的土地”的时候发射，涅杰林明白将遭受沉重的政治压力。于是，他就在不卸载液体燃料的情况下冒险抢修。这时，第二级引擎不知何故突然猛烈燃烧，引发满载的液体燃料大爆炸，燃起冲天大火，涅杰林元帅等一百多人当即全部牺牲。事后，人们在现场只找到涅杰林元帅两件遗物，即烧得只剩半块的炮兵元帅肩章和熔化掉的保险箱钥匙。

苏联方面对涅杰林元帅之死严格保密，只是宣称死于“飞机失事”。

毕竟这是一场巨大的导弹事故，中国方面很快获得相关情报。这一事故距离“1059”的预定发射时间只有20天，而“1059”却是中国导弹的“头胎产儿”。聂荣臻元帅叮嘱，一定要沉着、冷静，做到万无一失。

10月27日，“1059”导弹安全运抵发射场。

10月28日，“1059”导弹进入技术阵地进行单元和综合测试。

11月3日，“1059”导弹的单元和综合测试合格，运往三号发射场区，吊到起竖托架上，像一把利剑，直刺蓝天。

1960年11月5日，第一枚仿制的“1059”近程导弹发射成功。这是我国军事装备史上一个重要的转折点

11月4日，在张爱萍、陈士榘两位将军和钱学森的陪同下，聂荣臻元帅从北京飞抵酒泉发射场。当时的国防部部长、中央军委副主席林彪也来到发射现场。

聂荣臻一到达，就开始视察发射现场，他说：“这是我国自己生产的导弹，试验工作一定要严肃认真，不能有丝毫马虎。”

钱学森坐镇指挥，仔细检查发射前的准备工作。

在发射前夕，突然发现导弹舵机有漏油现象。这是极为严重的技术故障。经检查，原因是舵机油压轮泵光洁度不符合要求。唯一的解决办法就是更换新的部件，重新组装。技术人员在严寒中连续奋战，终于排除了这一故障。

一切就绪，钱学森下令，开始往火箭里加注推进剂。

加完推进剂之后，发生异常：导弹的弹体往里瘪进去一块。

钱学森接到报告，马上赶往现场，爬上发射架。他在仔细察看故障之后，作出判断。他说，弹体的变形并未达到结构损伤的程度。他分析了弹体瘪进去的原因：当年，他在美国做过壳体研究工作，知道这是在加入推进剂之后，泄出时忘了开通气阀，造成箱内真空，导致内外压力差过大，就瘪进去了。在点火之后，箱内要充气，弹体内压力会升高，弹体到时候会恢复原状。于是，他认为可以照常进行发射。

这毕竟是第一次发射，酒泉基地司令员、参谋长出于小心谨慎，不同意发射。按照当时的规定，只有钱学森、酒泉基地司令员、参谋长三人签字同意发射，才能发射。

正好聂荣臻元帅在现场，三人请他作最后裁决。

聂荣臻说：“有钱院长的签字，我就同意发射，因为这是技术问题，技术上钱学森说了算。如果只有司令员和参谋长两人签字而没有钱院长的签字，我倒不敢同意发射。”

聂荣臻的话，透露出对钱学森的无比信任。

当晚，聂荣臻告诉大家，周恩来总理已经报告毛主席，同意明天发射。

状况连连，就在这时候，总设计师向钱学森报告，说是零点触发发现故障。钱学森马上下令把负责这一问题的技术员找来，一个从大学毕业不久的扎小辫子的姑娘来了。钱学森用命令式的口气对她说："必须在十小时内排除故障！"

军令如山。那位姑娘花了四小时就排除了故障。不过，她的嘴歪了——那是急歪了的！

清晨，酒泉基地的气温降到零下二十多摄氏度。天气良好，天空一片瓦蓝。

9时02分28秒，发射指挥员下达了点火命令。火箭发出震耳欲聋的轰鸣声，发射台包围在浓烟之中，"1059"导弹尾部发出一团亮光之后，迅速腾空。先是垂直上升，然后在制导系统的控制下，转弯，飞向预定的目标。

指挥中心不断传来各跟踪台站"发现目标，飞行正常"的报告。

7分32秒后，飞行了550公里的"1059"导弹准确击中目标。

中国第一枚国产导弹，终于发射成功！

"1059"导弹的发射成功，清楚表明钱学森的现场判断能力和指挥能力是无懈可击的。

当晚，在酒泉基地的庆祝酒会上，聂荣臻元帅高举酒杯说道："今天，在祖国的地平线上第一次飞起了我国自己制造的第一枚导弹，这是一枚'争气弹'，是我国军事装备史上的一个重要转折点。从此以后，我们有了自己的导弹。"

1960年11月5日，是中国导弹发展史上具有里程碑式的日子。中国人民终于拥有"两弹"中的一"弹"。这一天，离1955年10月8日钱学森的归来，整整五年。

成功的欢笑——前排右一为钱学森，中为聂荣臻

“失败为成功之母”

大喜连着大悲。刚刚喝了“1059”导弹的庆功酒，紧接着便是一杯难咽的苦酒。

“1059”导弹的发射成功，表明按照中国导弹研制工作步骤的第一步“先仿制”已经完成。由于是仿制，聂荣臻指示，仿制的规模不宜过大，因为苏联援助的都是些老的产品，这方面更新换代的周期很短，船大了不容易掉头。

紧接着，钱学森领导国防部第五研究院开始了第二步和第三步，即在仿制的基础上进行“改进，再自行设计”。

自行设计的难度远远高于仿制。

国防部第五研究院自行设计的第一种导弹，就是“东风二号”导弹，亦即“DF2”导弹。

“东风二号”中近程地对地战略导弹，全长20.9米，弹径1.65米，起飞重量29.8吨，采用一级液体燃料火箭发动机，以过氧化氢、酒精为推进剂，最大射程1300公里，可携带1500公斤高爆弹头。

在苏联专家撤走之后一个月，钱学森就向中央军委递交了研制“东风二号”导弹的计划。经中央军委批准之后，在钱学森的领导下，国防部第五研究院完成了“东风二号”导弹的总体设计方案。

在“东风一号”导弹（“1059”导弹）发射成功的鼓舞下，“东风二号”导弹加紧了投产进度。

1962年的春节前夕，“东风二号”导弹发动机试车成功。

1962年的春节之后，“东风二号”导弹装上列车，从北京运往酒泉发射场。

1962年3月21日，“东风二号”导弹竖立在酒泉发射场。一切就绪，准备发射。

这是中国自己设计的第一枚导弹的发射，正在准备写下中国导弹发展史上的新篇章。当时，钱学森在北京指挥总部坐镇。

在指挥员下达点火命令之后，“东风二号”导弹发出巨大的声响和明亮的火光，照着碧空飞腾。起初，一切正常，现场的工作人员脸上挂着笑容。

突然，“东风二号”导弹失去控制，调头向北飞去，从高处朝下跌落，坠落在离发射塔六百多米处，发生剧烈爆炸，平地升起弥天烟尘！

“导弹飞离发射台后失稳，8秒失去控制，十几秒发动机着火，飞行了几十秒就坠毁爆炸了，在地上砸了个20米深的大坑。”在场的钱学森的学生钱振业这么叙述当时的情景。

现场所有的人员都目瞪口呆，因为谁都没有经历过这样巨大的事故。

虽说研制火箭、导弹本身就是高风险的工作，当年德国冯·布劳恩在试验时火箭爆炸导致三人当场炸死，不久前苏联元帅涅杰林等一百多人当场炸死在导弹发射架下，但是“东风二号”导弹的坠落、爆炸，还是给中国刚刚建立的导弹研制队伍以极大的震撼。

“东风二号”导弹的失败，给中国年轻的导弹研制队伍泼了一盆冷水，意识到研制导弹的复杂性和艰巨性。

聂荣臻元帅给在北京的钱学森打电话，要钱学森带一个工作组来酒泉基地，分析事故原因。

钱学森急急从北京乘专机赶往酒泉基地。内心承受的压力之大，可想而知。但是，一到现场，钱学森就镇定地给大家打气，他深知他的一举一动都会影响整个研制队伍的士气。

钱学森一派大将风度，他说：

“同志们，不就是摔下来一个‘东风二号’吗？今天它掉下来，明天我们将把它射上去，没有什么了不起的。当年，我在美国的时候，写一篇很重要的论文，写成的只有几页，可是我写的底稿，却装满一个柜子。到底失败了多少次，我自己都数不清了。如果失败了就哭鼻子，闹情绪，恐怕就没有后来的成功了。”

钱学森还说：

“科学试验嘛，如果每一次都保证成功，又何必试验呢？那就制造出来直接拿去用好了。我说，我们不要怕失败，失败了，总结经验教训，再重来。经过挫折和失败，会使我们长才干，变得更加聪明。取得成功，对我们是锻炼；遭受失败，同样可以使我们得到锻炼，而这种锻炼则更为重要，更为宝贵。”

钱学森的讲话，重振了导弹研制人员的士气。

当时的酒泉基地，天寒地冻，钱学森带领大家在基地附近收集“东风二号”导弹的残骸、碎片。花费了两三天时间，才把大部分残骸、碎片找到。

残骸被拉到导弹总体设计部试验车间。面对残骸，钱学森一脸严肃，仔细分析着“东风二号”导弹失败的原因。

钱学森从失败中汲取的不仅仅是单纯的技术原因。钱学森提出一个极为重要的原则：“把一切事故消灭在地面上，导弹不能带着疑点上天！”

钱学森认为，“东风二号”导弹的失败，在于上天之前，没有在地面上进行充分的试验。必须建设一批导弹的地面测试设备。尽管建设地面测试设备要花费很多资金，但是这样做值得。只有在上天之前做好充分的地面测试，才能保证导弹上天万无一失。

钱学森提出的这一原则，后来成了中国火箭、导弹研制不可动摇的原则，一直沿用至今。

从此，新试制的导弹在发射前都必须在地面进行多项大型试验。全部合格之后，才能运往发射场。也正因为这样，“东风二号”导弹事故之后，中国的火箭、导弹发射，几乎没有再发生类似的重大事故。

钱学森还指出，“东风二号”导弹设计的时候，设计人员是按照苏联导弹照猫画虎，没有消化吃透，更没有掌握总体设计的规律性。从此，钱学森认为必须加强对于总体设计规律性的认识，并专门设立了总体设计部。这个总体设计部负责对各个分系统的技术难题进行技术协调，统筹规划，总体设计。钱学森总结出一句非常深刻的话：“不求单项技术的先进性，只求总体设计的合理性。”

钱学森的学生深有体会地说：“国防部第五研究院由老干部、工人、科技专家和刚毕业大学生等组成。干部不懂技术，科研人员不懂管理，大家焦头烂额。有了总体设计部之后，航天工程的系统实践就井然有序了。”

钱学森还建立了导弹型号设计师制度。1960年8月17日钱学森任命李同力为544舰对舰导弹总设计师。1962年5月，钱学森任命林爽为“东风二号”地对地导弹总设计师，钱文极为“543”（“红旗一号”）地对空导弹总设计师，吕琳为“544”海防导弹总设计师。总设计师负责导弹的总体设计。此外，还建立了主任设计师、主管设计师制度，分别负责导弹的分系统和单机设计。这一系列制度的建立，使导弹设计走上正规、有序的道路。

钱学森善于总结经验教训，一次失败，为后来的一次次成功奠定了基础。从这个意义上讲，确实“失败为成功之母”。

钱学森“失踪”了

“东风二号”导弹事故之后，钱学森就“失踪”了。在中国科学院力学研究所，很少看到所长钱学森的身影。

其实，钱学森不光是从中国科学院力学研究所“失踪”，也从家中“消失”了。

钱学森三天两头出差。他在酒泉基地一工作就是十天半月，甚至一个月。他的行踪严格保密，就连夫人蒋英也不知道。有一回蒋英一个多月都不知道丈夫的音讯，就找到国防部第五研究院询问：“钱学森干什么去了，这么长时间杳无声息，他还要不要这个家了？”国防部第五研究院的同志连忙向她解释：“钱院长出差在外地，平安无恙，只是工作太忙，暂时还回不来，请您放心。”

蒋英回忆说：“那时候，他什么都不对我讲。我问他在干什么？不说；问他到哪儿去？不说；去多久？也不说。”

任新民回忆说，“东风二号”导弹发射失败之后，他几乎都在基地工作，只在春节时回家几天。钱学森在全力以赴解决“东风二号”导弹存在的问题。

钱学森在西去的飞机上

“东风二号”导弹的副总设计师兼控制系统主任设计师黄纬禄说，经过钱学森和大家反复讨论，认定“东风二号”导弹坠落的原因是：“东风二号”跟“东风一号”的弹体直径一样，但是弹体的长度加长了。这是因为考虑到“东风二号”导弹打的距离要比“东风一号”远，所以推进剂要多装，拉长长度是为了多装推进剂。这么一来，“东风二号”的弹体在发射之后像一根扁担一样产生振动，这种弹体的弹性振动，导致了发射的失败。

钱学森经过仔细调查，把事故的原因归结为两点：一是没有充分考虑导弹弹体是弹性体，飞行中弹体会作弹性振动，与姿态控制系统发生耦合，导致导弹飞行失控；二是火箭发动机改进设计时提高了推力，但强度不够，导致飞行过程中局部破坏而起火。

找出原因之后，在钱学森的主持下，修改了“东风二号”导弹的设计图纸，研制出改进型“东风二号”导弹。

改进型“东风二号”导弹要发射，必须先通过地面上17项试验。

1964年春天，改进型“东风二号”导弹，在新的全弹试车台上进行试车，经过两次全弹试车，完全合格。

经过两年的总结、测试，1964年6月29日上午7时，改进型“东风二号”导弹竖立在酒泉发射场的发射架上。

这一回，钱学森在酒泉发射现场亲自指挥。坐在他身边的是张爱萍上将。聂荣臻元帅在北京指挥总部坐镇。钱学森打电话向聂荣臻元帅报告，一切就绪。聂荣臻同意发射。

钱学森向现场指挥员下达点火命令。

改进型“东风二号”导弹在7时5分发射，先是笔直刺向蓝天，然后开始倾斜，按照预定的轨道，飞向千里之外的新疆荒漠。

命中目标！发射成功！改进型“东风二号”导弹终于旗开得胜。

钱学森充满感慨地在酒泉基地发表讲话：

“如果说，两年前我们还是小学生的话，现在至少是中学生了。短短两年，大家努力提高到中学水平，不简单。现在，美苏都欺负我们，但是，我们有党中央和毛主席的领导，发扬自力更生精神，战胜了很多困难，终于打破他们对尖端技术的垄断，这是值得庆贺的一件大事情。”

聂荣臻元帅打电话向钱学森表示热烈祝贺。他说：

“现在看得更清楚了，上一次的失败，的确不是坏事情。这个插曲很有意义。”

紧接着，在1964年7月9日、11日，两次发射“东风二号”导弹，都获得成功。三发三中，这表明“东风二号”这一型号的导弹具备稳定的技术基础，可以投入批量生产。“东风二号”先后生产了160枚。

从1966年起，“东风二号”导弹开始装备部队，成为第一种投入实战的中国自己设计、自己制造的中程地对地导弹。

从此，中国不断扩大“东风”导弹“家族”。2009年10月1日亮相于新中国国庆60周年大阅兵队伍中、最引人注目的“东风31A型”核导弹，就是“东风”导弹“家族”的新成员。

穷途末路的“黑寡妇”

1959年10月7日9时，一架美制RB57D型高空侦察机从台湾桃园机场起飞，以19500米的高度进入中国大陆。像往常一样，这架美制RB57D型高空侦察机大摇大摆，毫无顾忌，深信在那样的高度毫无敌手，肆无忌惮地直扑北京。

美国和台湾方面万万没有想到，12时4分，这架RB57D型高空侦察机失去了联系。残骸坠落在通县（今通州区）东南18公里的田野上，上尉飞行员王英钦也当场毙命。

翌日新华社低调地报道这一胜利，只是说在华北上空击落美制RB57D型高空侦察机一架，一个字也没有提到是用什么新式武器打下的。台湾的蒋介石集团一头雾水。起初以为是RB57D型高空侦察机自身突然发生故障而坠落。后来才吃惊地获知，大陆是用地对空导弹把它击落的。

这次战斗，创造了一个“世界第一”，因为虽然当时美、苏、英、法等国都研制了地对空导弹并装备了部队，但是从未用于实战。中国人民解放军用“萨姆2”导弹击落高空侦察机，成为世界上在实战中地对空导弹击落敌机的第一例。

原来，在钱学森的领导下，中国的科学家在研制地对地导弹的同时，也着手研制地对空导弹。

自从RB57D型高空侦察机被大陆击落之后，大陆的天空清净了整整两年零三个月的时间。

然而，到了1962年初，一种外号叫做“黑寡妇”的美制新式高空侦察机，又从台湾起飞，开始光临中国大陆上空，甚至长驱直入进到中国大陆腹地罗布泊上空，拍摄那里的21基地——核基地。

“黑寡妇”又像往日的美制RB57D型高空侦察机那样无所顾忌，是因为飞行高度达2.2万米，是当时美国最先进的高空侦察机，可长途飞行9个小时。

这位“黑寡妇”，就是U-2高空侦察机。U-2是由美国洛克希德·马丁公司研制开发，首飞时间为1955年8月4日。

U-2的特点是机身很轻，机翼很长，机长15.11米，翼展达24.38米，适合于高空长时间飞行。由于飞行高度很高，飞行员甚至要穿上宇航服驾驶飞机。

美国用U-2武装台湾空军。台湾为此专门成立了空军第三十五独立中队，专门执行U-2任务。这个中队以黑猫为标志，人称“黑猫中队”。美国特意让台湾的驾驶员驾驶U-2深入中国大陆侦察，为的是万一被击落，遭到俘获的不是美国飞行员，可以避免引起国际纠纷。

有一次，当蒋介石在看U-2侦察机拍摄的照片时，随口问道，有没有浙江奉化他老家的照片？于是，“黑猫中队”特地让U-2飞机在奉化上空拍摄，结果在照片上蒋介石母亲的坟墓清清楚楚，使蒋介石大为惊讶。

由于中苏关系恶化，苏联不再向中国出口“萨姆2”导弹，中国人民解放军的地对空导弹“543”部队只能用所剩不多的“萨姆2”导弹对付“黑寡妇”。

地对空导弹部队原本驻守在北京附近。中国人民解放军总参谋长罗瑞卿召集专门会议，研究对付U-2的办法，终于想出了一个妙计。

“543”部队以“打井队”的名义，从北京悄然南下，埋伏在江西向塘军用机场附近。1962年9月7日，解放军的大批轰炸机从南京飞往向塘，降落在向塘军用机场。这一军事动向果然引起台湾方面的高度关注。

翌日——9月8日，一架U-2由“黑猫中队”杨世驹驾驶，果真越过了台湾海峡，原计划先飞往昆明，然后再转往南京、桂林，转了一圈之后，直扑南昌。然而，这架U-2在桂林上空出了一点故障，杨世驹就径直飞回台湾桃园机场，没有进入圈套。

9月9日7点32分，又一架U-2由“黑猫中队”陈怀（又名陈怀生）驾驶，再度进入大陆，飞过福州、南平，朝南昌飞来。忽然，转悠到九江上空。8点24分，U-2从九江掉头，直扑向塘军用机场。这一回，U-2中了解放军地对空导弹部队设下的圈套。两颗“萨姆2”导弹腾空而起，U-2拖着长长的黑烟倒栽葱！飞行员陈怀来不及跳伞，当场身亡。

在指挥所坐镇的中国人民解放军空军司令员刘亚楼，见到U-2从雷达荧光屏上消失，兴高采烈地大喊道：“有茅台酒没有呀？快拿茅台酒来！”

这一新闻见报后，中国大陆万众欢腾，天安门广场举行万人大会庆贺胜利。

击落敌机的“543”部队2营营长岳振华带着U-2飞机碎片前往北京，受到毛泽东主席和中共中央政治局委员们的接见。

毛泽东后来在跟外宾谈话时，笑称“U-2飞机被中国人民用竹竿捅了下来”。

尽管蒋军的一架U-2飞机被“萨姆2”导弹打下，但是蒋军知道中国人民解放军的苏制“萨姆2”导弹很有限，依然有恃无恐，不断派U-2飞机进入中国大陆。

解放军地对空导弹部队摸到了U-2飞机的规律：在飞往中国大陆西北侦察酒泉基地、罗布泊核基地之后，返航时总是要经过陕西潼关。于是“543”部队就在潼关一带布阵。

1963年11月1日，“黑猫中队”的叶常棣驾驶U-2在中国大陆西北侦察之后，返航时进入“543”部队的“口袋”里。“543”部队二营连发三发“萨姆2”导弹，把叶常棣驾驶的U-2飞机打了下来！叶常棣跳伞后被活捉。

中国导弹专家检查发现，U-2飞机安装了“12号预警系统”。所谓“12号预警系统”，就是能够在160公里外侦测到“萨姆2”导弹搜索雷达的信号，让飞行员及时驾机逃避。

钱学森领导国防部第五研究院成功研制“反电子预警1号系统”——先以假频率跟踪敌机，在U-2的距离只有40公里的时候，再改用真频率发射引导导弹。这样，U-2就躲避不及。

1964年7月9日，“黑猫中队”李南屏驾驶U-2飞机在中国南方侦察时，飞至广东汕头附近，“12号预警系统”突然发出警告，就在李南屏惊呼一声“12号高频灯亮起”的时候，他的U-2飞机已经中了导弹！

中国人民解放军地对空导弹部队一次又一次用苏联“萨姆”导弹击落U-2飞机，在欢欣鼓舞之后，数一数苏制“萨姆2”地对空导弹已经所剩无几，中国加快了自制地对空导弹的工作进程。

在钱学森的领导下，国防部第五研究院担负起研制地对空导弹的重任。

钱学森任命国防部第五研究院二分院副院长为地对空导弹总设计师，这位总设计师居然也姓钱，叫钱文极。吴展、陈怀瑾、李蕴滋为副总设计师（后陈怀瑾接任总设计师）。

钱文极倒是一位“老革命”。他1916年出生于江苏太仓。同

“红旗二号”地空导弹

济大学肄业。1938年到延安，曾任中央军委通信局材料厂技术员、晋冀鲁豫军区司令部通信局装配科科长。在解放战争时期，他在太行山区装制了无线电台以接替陕北广播电台，使中共中央的声音传播到全国各地。解放后钱任解放军总参谋部通信部器材处处长，通信部电子科学技术研究院副院长。

钱文极出任地对空导弹总设计师之后，第一步工作就是仿制苏联的“萨姆2”导弹。于1963年4月完成模型弹仿制，6月进行模型弹飞行试验。仿制的导弹命名为“红旗一号”。

与此同时，从1964年1月，在“萨姆2”导弹的基础上改进设计，研制“红旗二号”地对空导弹。

1967年6月，“红旗二号”地对空导弹设计定型，投入批量生产，开始装备部队。

1967年9月8日上午，一架U-2飞机进入浙江嘉兴地区侦察，飞行高度为2万米～2.05万米，被中国人民解放军导弹部队用国产“红旗二号”地对空导弹击落。

此后，中国大约生产12000枚的“红旗二号”地对空导弹，为确保领空安全作出巨大的贡献。

自从中国拥有大批的国产地对空导弹之后，“黑寡妇”再也不敢光顾中国大陆。

1964年2月6日，毛泽东在中南海寓所接见钱学森、李四光、竺可桢三位科学家。

毛泽东问钱学森：“你搞的导弹那么厉害，有没有办法对付它呀？”

钱学森回答说：“美国搞了些试验，但不成功。”

毛泽东说：“有矛必有盾。再厉害的东西总可以找到对付的办法嘛。搞少数人，有饭吃，专门研究这个问题。5年不行，10年不行，15年，总可以搞出来。”

毛泽东所说的，也就是研制反导弹系统。

那时候，毛泽东的指示都必须照办。钱学森回去后，传达了毛泽东的话，第七机械工业部第二研究院就成立了反导弹研究组。为了保密起见，称为“640工程”。

“邱小姐”跟导弹结合

1964年10月16日14时59分40秒，新疆马兰核基地主控站的操作员按下了电钮，引爆了中国第一颗原子弹。20秒钟之后，罗布泊闪过一道白中带蓝的光芒。紧接着腾空而起的是巨大的蘑菇云，伴随着巨大的轰鸣与飞沙走石的飓风！

也真巧，苏共第一书记赫鲁晓夫正好在这一天下台。外电的评论以为中国为了庆贺赫鲁晓夫下台而放了“大炮仗”。其实那纯粹属于巧合。

有人称钱学森为“中国原子弹之父”，有的报纸曾经以《一张香烟纸，让中国提前20年拥有原子弹！》[①]为题报道钱学森，还有人写信向钱学森请教中国核武器的发展史，钱学森给予的答复是“问道于盲”！

钱学森是火箭专家、导弹专家，并非核专家。如果说，钱学森是中国研制导弹、火箭的主帅，那么钱三强、邓稼先、朱光亚则是中国研制核武器的主帅。

钱学森的贡献是让核武器跟导弹结合，制成威力无比的核导弹。

中国的第一颗原子弹，是在102米高的铁塔顶部引爆的。外电在震惊之余，嘲笑中国的原子弹是“无枪的子弹”——一颗安装在铁塔顶部的原子弹，怎么去进攻敌人？

中国很快就解决了“枪”的问题：1965年5月14日，中国用一架图16轰炸机在罗布泊上空成功地空投了一颗原子弹。9时59分10秒，弹舱打开，原子弹从飞机中落下，向靶标坠去。50秒后，又一个“大炮仗”打响，再一次震惊世界。

---

① 钱学森写给陈叔通先生的信，通常被说成写在“香烟纸”上，这是一种流传甚广的传说。钱永刚说，只要看看那封信的原件，就知道这种传说并无根据。

用轰炸机投掷原子弹，虽然说是中国的核武器“有弹有枪”，不过早在1945年第二次世界大战中美国就是用轰炸机向日本广岛、长崎投掷原子弹，轰炸机这杆“枪”已经显得落后。

最先进的“枪”是导弹。原子弹+导弹=核导弹！

核导弹比起用轰炸机投掷原子弹，更具有威慑力。核导弹的射程远，命中率高，而且难以阻挡。

其实，早在中国第一颗原子弹爆炸成功之前，钱学森就以超前的眼光，提出了“两弹结合”的构想，要给中国的原子弹配一支最好的“枪”。

钱学森的远见卓识受到高度重视。1964年9月1日，中央专委召开会议，决定由负责研制原子弹的第二机械工业部和负责研制导弹的国防部第五研究院共同组织“两弹结合”方案的论证小组，着手进行核导弹的研究设计，钱学森担任总负责人。

就在会议结束的第二天，钱学森就跟论证小组开始工作，论证“两弹结合”的初步方案。

1964年10月10日，在国防科委大楼里，钱学森向聂荣臻报告“两弹结合”的初步方案：“我们已经同二机部研究讨论过，弹头准备装在‘东风二号’导弹的空间，位置稍向后移，重心作适当调整。我们认为这个办法是可行的，也是可靠的。”

聂荣臻握着钱学森的手说：“很好，看来你又要忙一阵了。”

不久之后，中国第一颗原子弹的试爆成功，使核导弹的论证小组加快了研制进度。

核导弹的研制，对于核武器和导弹都提出了新的要求：核导弹是把原子弹安装在火箭上，这就要求原子弹必须小型化；核导弹也要求火箭加大推力，加强安全可靠性，尤其是要求制导系统提高命中率。

第二机械工业部和国防部第五研究院通力合作，逐步解决这些技术难题。

张劲夫回忆说：

> 在导弹上装原子弹，特别是氢弹头。这项工作很关键的问题是要有高能炸药，就是弹头不能太重了，太重就发射不远。要发射得远，弹头要有重量最高限度。科学院大连化学物理研究所在甘肃专门建立了一个分所，与五机部一个所协作，专门研究高能炸药。经过不断的地面试验，最后把高能炸药的关攻破了，能够使我们的导弹带上原子弹、氢弹，发射得很远很远，成为战略火箭，就是带有核弹头的战略导弹。

用于核导弹的就是“东风2A号”火箭。在解决原子弹的小型化之后，试制核导弹的条件已经具备。

钱学森严字当头，对核导弹的每一个细节都提出严格的要求。

核导弹按部就班进行了一系列地面测试之后，在装上核弹头之前，还要进行没有核弹头的发射，这叫“冷试验”。钱学森两度飞往酒泉发射基地，亲自对进行“冷试验”的导弹进行仔细检查。钱学森特别注意对相关协作单位制造的元件、部件进行严格的检查。他强调，不可有任何的疏忽，一根没有焊好的电线，一个不合规格的元件，都可能造成严重的事故。

酒泉导弹发射基地的一位新战士，受到了钱学森的表彰。这位新战士发现弹体内有一根大约五毫米长的小白毛，担心因此造成通电接触不良，就用镊子夹、细铁丝挑，都未能取出小白毛。最后，战士用一根猪鬃终于挑出了小白毛。钱学森把这根小白毛小心翼翼包起来，带回北京，希望从事“两弹结合”的科研人员都向那位新战士学习。

聂荣臻元帅也非常严格。据聂荣臻秘书范济生回忆：

在导弹总装车间，零部件小到一颗螺丝钉，都是有严格数量的。有一次，聂总听组装人员无意中说：“导弹组装

1966年钱学森（前右三）在基地协助聂荣臻元帅（前右四）主持“两弹结合”飞行爆炸试验

时，最后发现少了一颗小螺丝钉。”有人主张全部拆卸开找，有人认为费了大力才组装起来，为一颗小螺丝钉不值得再大折腾，不会出什么问题，或许掉在地上了，根本没有落在导弹内。聂总当时正在病中，听说这件事后立即要我陪同张爱萍同志赶赴导弹总装基地“坐镇”。我们遵照聂总指示，一直坐在总装车间，直到把这颗螺丝钉找到，聂总这才放心地同意按期发射。后来，聂总以此事为例告诫我们：“科学就是科学，来不得半点虚假和马虎。”

核导弹的试射方案制定出来了。此前，美国和苏联试验核导弹，是从自己的国土上往大洋里打。中国虽然有着辽阔的海岸线，可是当时的中国海军还不够强大，中国的核导弹不能往大洋里打。所幸中国是幅员广大的大国，选择了在自己的国土上试射核导弹，这在世界上是绝无仅有的。经过反复研究，确定核导弹从酒泉基地射向894公里之外的罗布泊。

1966年6月30日，周恩来总理在访问罗马尼亚、阿尔巴尼亚后，由巴基斯坦拉瓦尔品第回国。他在途中于14时40分在酒泉导弹试验场降落，亲自检查这次核弹与导弹结合飞行试验的各项准备工作。

虽然两次“冷试验”都圆满成功，但是那毕竟只有两次，并不能保证“热试验”万无一失。按照预定的弹道，核导弹要从兰新铁路飞过，那里附近有五万居民。周恩来总理问，核导弹落在那里的可能性有多大？科研人员经过计算，回答说：概率为十万分之六。毕竟还有十万分之六的可能性呀。周恩来总理指示，这次发射一定要严肃认真、周到细致、稳妥可靠、万无一失。为了要保险，必须临时全部撤离这五万居民。另外，周恩来还指示，要对发射之后核导弹偏离预定轨道，做出预案——导弹上的安全系统将自动启动，在空中把核弹头炸成碎片，防止原子弹爆炸。

1966年10月8日、20日，周恩来两次主持中央专委会会议，专门讨论这次“两弹结合”试验。周恩来强调，这类试验，美国和苏联只是在海上进行的，我们在本土大陆上进行，一定不能出乱子。

钱学森曾经这样回忆周恩来总理：

> 那个时候周恩来总理抓我们这项工作，他提出来做这项工作的16个字方针，16个字就是“严肃认真、周到细致、一丝不苟、有错必究”，而且要达到这个要求，他又说有三高的要求，三个高字：第一个高是“高度的政治觉悟”，第二个高是“高度的组织纪律性”，第三个高是“高度的科学性”。
>
> 那个时候大概每个月或者三个礼拜，要开一次向他的汇报会。他的要求很清楚，所有负责各方面、各部分结构的负责人都要来。周总理就坐在那里听我们的汇报，很细致、很耐心。汇报当中，周总理也有问题要解答。他记性非常好，你上一次汇报的数据如果跟你这次汇报的数据不一样，他就问怎么上一次你说的不是这个数据？所以我们这些人去向总理汇报都要很小心，你上一次怎么说可得记

住，这次如果也需要改变的话，就得说明为什么改变。有的时候，到下午六时还没完，总理就说那就大家在这儿吃顿晚饭吧，吃完晚饭再继续开会。有时候这样的会一直开到晚上10点还不停，开到11点甚至更晚，一直到会完了，我们离开人大会堂，向周总理说再见的时候，周总理还对我说："钱学森你别太累着。"我心真是感动得流泪。我想周总理比我累得多，他还跟我说这样的话。

经过周密的部署，经中央批准，中国首枚核导弹在1966年10月择机发射。

1966年10月24日晚，周恩来、叶剑英、聂荣臻、钱学森向毛泽东汇报"两弹结合"飞行试验的准备工作情况。聂荣臻提出要去现场主持试验。毛泽东批准了进行这次试验，同意聂荣臻到现场主持试验，并说：这次试验可能打胜仗，也可能打败仗，失败了也不要紧。

1966年10月27日9时，"东风2A"核导弹点火升空，9分14秒后核弹头在距发射场894公里之外的罗布泊弹着区靶心上空569米的高度爆炸。

"两弹结合"，完全成功。从此，中国的核武器，不仅有弹，而且有了一支能够射向地球任何一个角落的"枪"。短短几年，中国在研制原子弹的道路上，成功地走出了三步：

第一步——1964年10月16日，首颗原子弹在102米高的铁塔顶部试爆成功。

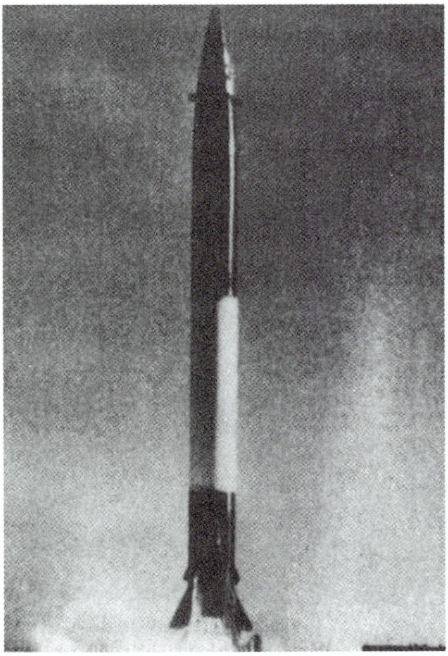

1966年10月27日中国核导弹在甘肃双城寨基地

第二步——1965年5月14日，用轰炸机在罗布泊上空成功地空投了一颗原子弹。

第三步——1966年10月27日，首枚核导弹试射成功。

翌日，钱学森的大名出现在美国《纽约时报》头版的“新闻人物”栏里。美国情报机关一直“关注”着钱学森。他们知道，中国这次热核导弹的总策划是钱学森。

《纽约时报》在报道中这样写及钱学森：

一位15年中在美国接受教育、培养、鼓励并成为科学名流的人，负责了这项试验，这是对冷战历史的嘲弄。

> 1950～1955年的5年中，美国政府成为这位科学家的迫害者，将他视为异己的共产党分子予以拘捕，并试图改变他的思想，违背他的意愿滞留他，最后才放逐他出境回到自己的祖国。

中国卫星跃上太空

中国拥有“两弹”之后，下一个目标便是拥有“星”——人造地球卫星。

人造地球卫星除了“星”本身之外，更重要的是火箭，以强有力的火箭把“星”送上太空。不言而喻，这又要钱学森出马。

当时的“卫星形势”是：

苏联在1957年、美国在1958年发射了各自的第一颗人造地球卫星，摘取了金牌和银牌。法国在1965年发射了第一颗人造地球卫星，摘取了铜牌。

日本则在1966年成为第四名。

毛泽东主席虽然早在1958年就说“我们也要搞人造卫星”，无奈中国的政治运动不断，冲击着人造地球卫星的研制工作。再不抓紧，中国恐怕连第五名都挨不上。

钱学森推荐孙家栋担任人造地球卫星的总体设计。钱学森说，孙家栋“敢干事，会干事”。

孙家栋大胆地提出，简化中国的第一颗人造地球卫星，不要那么多的探测仪器，先放一颗“政治卫星”，把那个“鸭蛋”打破。这样，可以大大加快发射中国第一颗人造地球卫星的进度。

孙家栋对这颗“政治卫星”的设想是“上得去、抓得住、看得见、听得到”。

所谓“上得去”，就是发射成功。所谓“抓得住”，就是准确入轨。对于一颗人造地球卫星来说，“上得去、抓得住”是最起码的要求。

所谓“看得见”，是指在地球上用肉眼看得见。所谓“听得到”，是指从卫星上发射讯号，在地球上可以用收音机听得到。

“看得见”不大好办，因为当时设计的中国第一颗人造地球卫星，直径只有一米，何况表面也不够亮，在地球上很难用肉眼看得见。如果加大卫星，超过了运载火箭的承载力，又不行。孙家栋想出妙计，把脑筋动到三级火箭上面：当卫星进入太空之后，卫星在前面飞，三级火箭在后面飞，这个三级火箭比卫星大得多，只是表面灰暗，不反光。孙家栋设法在三级火箭外面套上一个球形的气套。进入太空之后，卫星弹出去了，这个气套也通过充气，成了直径3米的大气球。他又想出办法，把气套表面镀上银白色的金属，变成了银光锃亮的大气球，在地球上用肉眼就能看得见。

至于“听得到”，孙家栋回忆说：“那个时候老百姓只有收音机，这个频率短波听不见。后来想了个办法，就是由中央人民广播电台给转播一下。但是听什么呢？光听嘀嘀嗒嗒的工程信号，老百姓听不懂是什么。大家你一句我一句，就碰出个火花：放《东方红》乐曲，都说可以，向钱学森汇报，钱学森也支持。但这是个大事情，钱学森又叫人写了一个报告，给了聂荣臻元帅。聂帅也同意了，报给中央，中央最后批了。提出这个建议的时候，大家热情很高，但中央批了以后，就等于说是中央下了这个任务，那就得把这个事办好。这一来就感觉压力大了。第一次搞这种仪器，如果上天以后又变调了，这在当时'文革'期间是绝对不可以的，那压力可真大。后来做得很好，搞设备的同志可是立了功了。"

令孙家栋左右为难的是，当时参加研制人造卫星的单位，要在仪器上镶嵌毛泽东像，说是要把毛泽东像送上太空，让全世界人民都看到！这许许多多毛泽东像都是金属的，增加了人造卫星的重量，这怎么行呢？

1969年10月，卫星初样完成，钱学森带着孙家栋等人向周恩来总理汇报。孙家栋提出了毛泽东像的问题。周恩来不愧为一个充满政治智慧而讲话又滴水不漏的人。他并没有正面回答放还是不放毛泽东像章，而是说："全党、全军、全国人民当然要无限热爱毛主席。你看看人民大会堂——政治上这么重要的地方，有的大厅挂了主席的像，有的会议室挂了主席写的字。但是挂在什么地方，都不是随随便便的，必须非常严肃、非常认真地来考虑什么地方合适挂，什么地方不合适挂，你看咱们这个会议室就没有挂。你们回去也要好好考虑一下……"

孙家栋会心地一笑。那些毛泽东像，就凭周恩来的这几句话，没有装进卫星。

在发射卫星之前，必须对运载火箭“长征一号”进行试验。任新民是运载火箭“长征一号”的总设计师。

“长征一号”是三级运载火箭。在任新民的领导下，攻克了多级火箭组合、二级高空点火和级间分离等技术关键，再加上新研制的第三级固体火箭，组成三级运载火箭。

在发射卫星之前，首先要对“长征一号”三级运载火箭进行发射试验。

1969年11月16日下午6时，首枚用“长征一号”火箭推进的中远程导弹准时点火起飞，飞行到18秒时，突然间发生故障，不知去向！

本来，只要弹头一进入落区上空，落区的观测人员凭肉眼也能立即发现目标。在弹头着地后几分钟，就能把落点位置找出来。然而，这一回过了40多分钟了，没有一个观测人员发现目标！

当时最大的担心是导弹飞出国境，落到苏联领土上。中苏关系正处于最紧张的时刻，发生这样的事件将给中国带来极大的麻烦。周恩来总理接连三次从北京打来电话，询问火箭到底落到什么地方了？

于是，空军出动飞机进行搜索。在第三天，终于在新疆某地发现了火箭残骸。经过调查，查明火箭飞行失败是由于一个程序配电器发生了故障，导致二级火箭未能点火而自毁坠落。

在任新民领导下，经过两个多月的检查、研究、改进，1970年1月30日，“长征一号”火箭终于试射成功。

1970年4月1日，载着两颗“东方红一号”卫星（其中一颗备用）和一枚“长征一号”运载火箭的专列，秘密抵达酒泉卫星发射场。

1970年4月2日下午，周恩来总理在人民大会堂听取钱学森关于卫星和运载火箭情况的专门汇报。钱学森和任新民等专程从酒泉发射基地赶到北京。周恩来总理指出：“这是我们第一次发射人造卫星，意义很大。不仅要把卫星送入轨道，还要对我国卫星飞经各国首都上空的时间，如乌干达、赞比亚、也门、坦桑尼亚、毛里塔尼亚等国家作好预报，鼓舞第三世界人民。”

中国第一颗人造卫星“东方红一号”在进行检测

1970年4月24日21时35分，“长征一号”火箭终于点火。

1970年4月25日18点，新华社授权向全世界宣布：

> 1970年4月24日，中国成功地发射了第一颗人造卫星，卫星运行轨道的近地点高度439公里，远地点高度2384公里，轨道平面与地球赤道平面夹角68.5度，绕地球一圈114分钟。卫星重173公斤，用20.009兆周的频率播送《东方红》乐曲。

“东方红一号”卫星真的可以用肉眼“看得到”，而且可以“听得到”东方红乐曲，达到了“政治卫星”的宣传效果。

这时，距离毛泽东所说的“我们也要搞人造卫星”这句话，已经过去12个年头。“东方红一号”卫星达到了毛泽东所说的“鸡蛋那么大的我们不抛”的要求：苏联第一颗人造地球卫星83.6公斤，美国第一颗人造地球卫星8.22公斤，法国的为38公斤，日本的为9.4公斤，而中国的“东方红一号”重达173公斤。

“东方红一号”的成功，意味着中国的火箭技术达到了新的水平，为中国的“两弹一星”事业添上那颗宝贵的“星”。

1970年5月1日，国际劳动节晚上，毛泽东主席、周恩来总理在天安门城楼上接见了钱学森、任新民、戚发轫等参加第一颗卫星工程研制的代表。

毛泽东紧握着钱学森的手，表示祝贺。这时，任新民“躲”

毛泽东主席接见钱学森

在后边。周恩来总理发现了，就说:“任新民同志，请到前边来，不要老往后边躲，你的座位在我这边。”周恩来向毛泽东介绍任新民说：“他就是我们放卫星的人。”毛泽东主席赞叹说：“了不起啊，了不起！”

1970年6月，钱学森调到国防科学技术委员会担任副主任，1975年任新民被任命为第七机械工业部副部长。

从此，中国一颗又一颗功能各异的人造地球卫星飞上太空，为发展中国的国民经济和加强国防力量，作出巨大的贡献。

孙家栋由于在人造地球卫星和航天方面作出巨大贡献，1988年当选国际宇航科学院院士，1992年当选中国科学院院士，1996年当选国际欧亚科学院院士。1999年被授予“两弹一星”功勋奖章。2003年任中国探月工程总设计师。

2009年3月，当年的“年轻人”孙家栋也已经80岁。钱学森专门写信，祝贺孙家栋80大寿：

孙家栋院士：

您是我当年十分欣赏的一位年轻人，听说您今年都80大寿了，我要向您表示衷心的祝贺！

您是在中国航天事业发展历程中成长起来的优秀科学家，也是中国航天事业的见证人。自第一颗人造地球卫星首战告捷起，到绕月探测工程的圆满成功，您几十年来为中国航天的发展做出了突出贡献，共和国不会忘记，人民不会忘记。我为您取得的成就感到骄傲。

希望您今后要保重身体，健康生活，做一名百岁航天老人。

谨祝生日快乐！夫人面前代致问候！

钱学森

2009年3月3日

收到98岁高龄的钱学森的贺信，孙家栋非常高兴。孙家栋说，自己做的每一件工作都是在钱学森的指导下完成的，是钱学森的学生。

2010年1月11日上午，2009年度国家最高科学技术奖揭晓，孙家栋获此殊荣。孙家栋回顾自己的人生道路时说：

钱老这位恩师，对我的一生影响是非常大的。得到这样的大奖的时候，一定要感谢钱老几十年来对我的培养和教育，我会尽一切努力不辜负他对我的希望，同时把航天事业做得更好。

力荐逆向思维的年轻人

钱学森慧眼识英才，善于从年轻一代中发现栋梁之材：在研制导弹的时候他举荐了任新民，在研制人造地球卫星时他举荐了孙家栋，而在载人航天工程启动时他说王永志可以挂帅。

在“两弹一星”之后，中国又向新的目标迈进——载人航天。钱学森又一次发挥了关键性的重要作用。

在载人飞船工程立项之后，谁来挂帅?

航空航天部成立了载人航天工程论证评审组，组长是任新民，副组长是王大珩和屠善澄，成员有：王希季、庄逢甘、闵桂荣、张履谦、杨嘉墀、童铠、谢光选等院士。

另外，屠善澄曾经担任过载人航天工程专家委员会的首席专家。

然而，这些专家、院士们都已经上了年纪。要实行庞大、艰难的载人航天工程，应当由年富力强的人来挂帅。

钱学森举荐了王永志。

由于钱学森的举荐，王永志在1986年担任“863计划”载人航天工程研究组组长。1992年11月15日，中央军委正式任命王永志为中国载人航天工程总设计师。

王永志给钱学森留下深刻印象，是在1964年6月下旬，中国第一枚自行设计的导弹“东风二号”即将发射的时候。

“东风二号”导弹是一枚中近程火箭。当时，地处沙漠的酒泉发射基地的气温骤升，甚至高达四十多摄氏度。众所周知，气温上升之后，火箭推进剂的体积就会膨胀，而且气化严重，燃料贮箱内所能容纳的火箭推进剂就会减少，导弹就达不到预定的射程，打不到预定的目标。

怎么办呢？要加大火箭的推力，唯一的办法就是增加火箭推进剂。但是燃料贮箱的体积有限，装不下那么多火箭推进剂。

指挥部召开紧急会议，研究对策，虽然专家们谈了不少补救方案，但是都不合适。于是指挥部召开扩大会议，听取意见。32岁的中尉军官王永志也被“扩大”进了会议。

王永志1952年考入清华大学航空系飞机设计专业。1955年前往莫斯科航空学院留学，起初攻读飞机设计，后来改学导弹设计专业，1961年毕业于莫斯科航空学院。

王永志在会上听到的都是如何增加火箭推进剂的方案，他站起来发表截然相反的意见：“我主张应该卸出一些燃料，减少了导弹的重量，才能提高推力，加大射程。我经过计算，要是从火箭体内卸出600公斤燃料，这枚火箭就会命中目标。”

王永志的意见，遭到了众人的反对。火箭不能命中目标明明是推进剂不够，怎么可以再往外卸掉推进剂呢？于是，没有人理睬他的不同于众的建议。

王永志知道钱学森正在酒泉基地坐镇指挥，便鼓起勇气敲开了钱学森的门。钱学森到底是高人，他仔细倾听这个小伙子的意见，说“有道理”。钱学森马上把火箭的总设计师请来，指着王永志对总设计师说：“这个年轻人的意见对，就按他的办！”

“东风二号”导弹在卸下600公斤燃料之后发射，果真提高了射程，命中了目标。

钱学森非常赞赏王永志的“逆向思维”，意识到这个小伙子的才智超群。

在中国开始研制第二代导弹的时候，钱学森建议：“第二代战略导弹让第二代人挂帅，让王永志担任总设计师。”

1992年当载人航天立项上马，钱学森又一次推荐王永志担当重任。

果真，王永志不负钱学森的期望，领导中国载人航天事业

王永志

取得一个又一个重大胜利。

后来，当中国人民解放军总装备部领导看望钱学森时，钱学森曾说：“我推荐王永志担任载人航天工程总设计师没错，此人年轻时就露出头角，他大胆逆向思维，和别人不一样。”

王永志则深情回忆说，每次重大发射，钱学森都亲临现场坐镇，决策重大技术问题：“1966年2月下旬，戈壁滩正是最冷的时候，我在发射场远远地看到钱老走过来，赶忙迎上去，只见他就穿了一件单薄的呢子大衣。他想问我任务准备得怎么样了，可一句话没有说完，就被寒风呛回去了。”

王永志回忆说，钱学森曾经用一个生动的例子，告诉他搞总体设计，一定要有全局观点：

> 他当时举了个例子，给我印象很深，说有一个朋友问他，夏天房间里太热，把冰箱门打开，房间里是不是能凉爽一些？他回答说，这是不可能的。打开冰箱的门，冰箱门附近可能会有点凉意，但整个房间并不会凉爽下来。因为这样做的结果，增加了电能消耗，电能转变为热能，电能消耗增加就意味着热能的增加，最终的结果是房间的温度升高。于是，他就跟我们说，搞总体设计，理解和研究问题就要从全局出发，从系统上来考虑这个事情，然后再决策。

王永志还回忆，“钱老经常说：‘如果不创新，我们将成为无能之辈！我们要敢干！’钱老强调的创新，在很大程度上就是要‘敢于研究别人没有研究过的科学前沿问题。’”

1999年，中国第一艘无人试验飞船发射成功之后，作为总设计师的王永志去看望已经88岁高龄的钱学森，并送给他一个神舟飞船模型。钱学森把这个飞船模型放在了床的正对面一个随时都能看到的地方。

2005年3月29日，已经94岁高龄的他，在解放军总医院的病房里和身边的工作人员作了一次长谈。他的谈话重点就是要重视培养创新人才。钱学森指出：

“今天找你们来，想和你们说说我近来思考的一个问题，即人才培养问题。我想说的不是一般人才的培养问题，而是科技创新人才的培养问题。”

我们一定要“培养会动脑筋，具有非凡创造能力的人才”，“回国以后，我觉得国家对我很重视，但是社会主义建设需要更多的钱学森，国家才会有大发展”。

“我今年已90多岁了，想到中国长远发展的事情，忧虑的就是这一点。”

正是因为钱学森一手提拔任新民、孙家栋、王永志这样许许多多科技创新人才，许许多多“钱学森”，才有了中国“两弹一星”和载人航天的辉煌成就。

第六章

最后的故事

一生的三次激动

钱学森的一生之中，有过三次激动。

1991年10月16日，钱学森在国务院、中央军委授予他“国家杰出贡献科学家”荣誉称号的仪式上，是这么说的：

“我这一辈子已经有了三次非常激动的时刻。”

“第一次是在1955年，我被允许可以回国了。手里拿着一本在美国刚刚出版的我写的《工程控制论》，还有一本我讲的物理力学的讲义，我把这两本东西送到冯·卡门老师手里，他翻了翻很有感慨地跟我说，你现在在学术上已经超过了我。这个时候他已经74岁了。我一听他这句话，激动极了，心想，我20年奋斗的目标，现在终于实现了，我钱学森在学术上超过了这么一位世界闻名的大权威，为中国人争了气，我激动极了。这是我有生以来第一次这么激动。”

“在建国十周年的时候，我被接纳为中国共产党的党员。这个时候，我心情是非常激动的，我钱学森是一个中国共产党的党员了！我简直激动得睡不着觉。这是我第二次的心情激动。”

“第三次的心情激动，就在今年。今年我看了王任重同志写的《史来贺传》的序。在这个序里他说中共中央组织部把雷锋、焦裕禄、王进喜、史来贺和钱学森这五个人作为解放四十年来在群众中享有崇高威望的共产党员的优秀代表……我看见这句话，我心里激动极了，我现在是劳动人民的一分子了，而且与劳动人民中最先进的分子连在一起了。”

在钱学森荣获“国家杰出贡献科学家”称号之后，国防科工委系统掀起了学习钱学森的高潮。钱学森看报纸，那些天都在说他的好话，觉得心里很不是滋味。他问秘书，有没有听到不同意见，秘书如实相告，有的年轻人说怎么党的知识分子的政策都落实到钱学森一个人身上了？当时，钱学森说：“这个情况很重要，说明这件事涉及党的知识分子政策问题，如果它完全是我钱学森个人的问题，那我没什么可顾虑的，他们爱怎么宣传都行。问题是在今天，钱学森这个名字已经不完全属于我自己，所以我得十分谨慎。科技界有比我年长的，有和我同辈的，更多的则是比我年轻的，大家都在各自的岗位上为国家的科技事业做出了贡献，不要因为宣传钱学森过了头，影响别人的积极性，那就不是我钱学森个人的问题了，那就涉及全面贯彻落实党的知识分子的政策问题。所以要适可而止，我看现在应该画个句号了，到此为止吧。”他请秘书转告有关部门，把种种宣传都停下来。

戴汝为记得，当时他接到钱学森秘书的通知，把他在《神州学人》杂志上即将发表的关于钱学森的文章撤下来。戴汝为觉得，那篇文章已经排上《神州学人》版面，临时撤稿不大好。钱学森秘书给戴汝为写了一张条子，转告钱学森的意见，意思是类似回忆性文章都是在一个人死了以后才发表的。戴汝为一看钱学森这样说，再三向《神州学人》编辑部说明情况，撤回了那篇文章。

钱学森的一生之中，有三次激动，也有过三次喜悦。

头一回是在1955年10月8日，他经过五年的坚持与斗争，终于从美国回到祖国母亲温暖的怀抱，过度的喜悦使他热泪盈眶。

第二次是在1970年4月24日，在他的运筹帷幄之下，只用了五年时间，就成功地把中国第一颗人造地球卫星送上太空。中国从此敲开了太空的大门。

第三次是在2003年10月15日9时，长征二号F火箭运载的神舟五号飞船进入太空，中国第一位宇航员杨利伟圆了中国人的飞天梦。钱学森企盼了多少年，这一闪光的时刻，终于在他有生之年到来。

2003年10月16日，92岁的钱学森，用他那只颤抖的手工整地写道："热烈祝贺神舟五号发射成功。向新一代航天人致敬！"

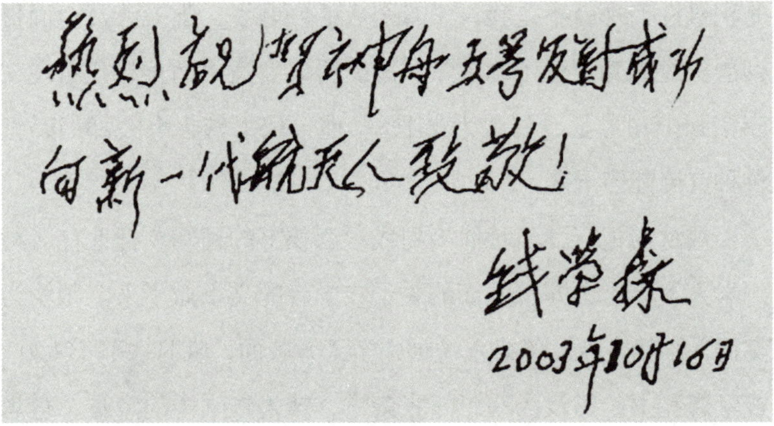

神舟五号飞船发射成功后钱学森亲笔写的贺词

当杨利伟随着载人航天工程的负责人一起去看望钱学森时，钱学森一眼就认出了杨利伟，亲切地对他说："你们现在干成功的事情比我干的要复杂，所以说，你们已经超过我了！祝贺你们。"

杨利伟在接受媒体采访时则说："在我们心中，钱老早已是中国航天的科学泰斗和精神象征。"

剪报的故事

我有幸亲眼见到了钱学森保存的629袋剪报，总共24500多份，整整装满了五个大书柜。

剪报，是钱学森的资料库、信息库。他的剪报按照不同的内容，装进一个个牛皮纸袋，袋上写明剪报的主题。也有些主题的剪报很多，他就一、二、三……这样编列下去。

钱学森有好几位秘书。我原本以为，这些剪报大约是钱学森在报纸上画个圈，他的秘书帮助他剪下来。令我惊讶的是，钱永刚告诉我，这些剪报全是钱学森自己动手剪的！工工整整剪好之后，钱学森把剪报端端正正贴在白纸上，再注明报刊名、年月日，便于日后引用时注明文章的出处。

30年前，我到过钱学森家。30年后，钱永刚说，钱学森至今仍住在那老房子里。钱学森就是在他家二十多平方米的客厅里，接待中共中央总书记江泽民这样的贵宾。

钱学森回国之后，只搬过一次家。

钱学森渐渐步入老年。在20世纪90年代，组织上曾经打算给他盖一座带院子的小楼，这样便于他在院子里晒晒太阳，散散步。可是，钱学森一再谢绝。他说："我现在的住房条件比和我同船归国的那些人都好，这已经脱离群众了，我常常为此感到不安，我不能脱离一般科技人员太远。"

秘书告诉他，你说的是"老皇历"了，现在科学家的住房条件都大有改善，很多人的住房都比你宽敞。

钱学森却对秘书说："我在这儿住了几十年，习惯了，感觉很好。你们别折腾我，把我折腾到新房子里，我于心不安，心情不好，能有利于身体健康吗？以后不要再提这个问题了。"

钱学森家中，最多的家具是书柜，将近五十个。钱学森书多，杂志多，剪报多。蒋英说："我不羡慕人家装修这、装修那的。教授的家就应该是这样的，都是书。"

钱学森喜欢看报。他每天要看的报纸依次是《人民日报》《经济日报》《光明日报》《科技日报》《解放军报》《北京日报》《参考消息》《经济参考报》。这“依次”是指他的阅读顺序。公务员知道他的阅读习惯，每天收到这八份报纸之后，必定按照这一顺序放好，送给钱学森。钱学森逐一看完，也必定按照“依次”的顺序放好。在阅读的过程中，他认为有保存、参考价值的文章，就剪下来保存。日积月累，钱学森的剪报竟然超过两万份，形成了一个有着钱学森特色的资料库。

在钱学森上了年纪之后，读报更是他每日常课。诚如钱学森在1994年7月4日致南开大学陈天仑教授的信中所说：“我因年老行动不便，已不再出席会议……我是在家看书读报刊，想问题，与同事用书信讨论问题，效率也很好。”①

在钱学森致友人的信中，常可以看到“附上剪报复印件”这样的话。这表明，钱学森不仅以剪报作为自己“想问题”的资料，而且也用来供友人参考，一起“讨论问题”。

钱学森看报很仔细。有一回，他的秘书涂元季告诉他，这一期《参考消息》有一篇文章，介绍美国加州理工学院——钱学森的母校。钱学森马上回答说，不是一期，是连载了两期！

钱学森对涂秘书说：“读了这篇文章，使我想起我在美国加州理工学院所受的教育。我是上个世纪30年代去美国的，开始在麻省理工学院学习。麻省理工学院在当时也算是鼎鼎大名了，但我觉得没什么，一年就把硕士学位拿下了，成绩还拔尖。后

① 《钱学森书信》第8卷249页，国防工业出版社，2007年。

来我转到加州理工学院，一下子就感觉到它和麻省理工学院很不一样，创新的学风弥漫在整个校园，可以说整个学校的一个精神就是创新。在这里，你必须想别人没有想到的东西，说别人没有说过的话。拔尖的人才很多，我得和他们竞赛，才能跑在前沿。这里的创新还不能是一般的，迈小步，那不行，你很快就会被别人超过。你所想的、做的要比别人高出一大截才行。那里的学术气氛非常浓厚，学术讨论会充分民主，活跃异常，大家相互启发，相互促进。”

钱学森的阅读面很广。他不光是看报，而且阅读方方面面的杂志，既有他的专业方面的杂志，如《力学学报》《力学与实践》《中国航天》《航天技术通讯》《西安航空学院学报》等，也有自然科学杂志《科学通报》《物理学报》《数学的实践与认识》《化学通讯》《科学美国人（*Scientific American*）》，还有社会科学杂志《新建设》《中央社会主义学院学报》《语文建设》《中国图书评论》等等。钱学森家中，藏有15000多册他阅读过的期刊。

在钱学森1992年3月23日致中国科学院自动化研究所戴汝为院士的信中，一开头就提到“近读《中国社会科学》1992年2期（207页）王钟俊的《论神话思维的特性》，又联系到去年《自然杂志》5期戴运生的《第二次成人过程原理》，我想到一个问题：人脑的思维能力是不断发展的……”[1]寥寥数语，便透露出钱学森阅读面之广，也反映出他的关注面之广。

值得一提的是，从1958年党的理论刊物《红旗》杂志创刊，

---

① 《钱学森书信》第6卷285页，国防工业出版社，2007年。

直至后来改名为《求是》杂志，他每期必读。

钱学森的剪报习惯，其实早在美国从事研究工作的时候，就已经养成。1950年8月下旬，美国海关无理扣压了钱学森的八大箱准备托运回国的行李。美国联邦调查局在细细审查这些行李时，发现内中有九大本、四百多页按照不同主题分类的剪报。

1955年6月15日，在美国处于软禁中的钱学森，寄出给陈叔通先生的信，为了说明美国政府扣留他的情况，特地在信中还附了一份1953年3月6日《纽约时报》报道的剪报，题为《驱逐对美国不利》。

陈叔通先生把钱学森信件连同剪报转给周恩来总理。钱学森信中所附的这份剪报，使周恩来总理看了之后，清楚地知道钱学森在美国艰难的处境，这对于争取钱学森回国起了重要作用。

钱学森也注意保存自己在报刊上发表文章的剪报，便于自己查阅、检索。1994年7月5日，钱学森在致王寿云等人的信中，亲笔写了一份《钱学森论文艺与文艺理论著述目录（1980年至1994年）[①]，开列了自己的21篇文章目录，这目录极其“规范”，不仅按照文章发表时间顺序排列，而且都按照篇名、报刊名、年月日。倘若是报纸，还注明第几版；倘若是期刊，则写明第几期、第几页。这种精确，体现了钱学森治学的严谨。

年过90之后，钱学森虽然仍每日坚持看报，但是毕竟体力有限，已经无法一一亲自剪报。他只能请身边的公务员代劳。

---

① 《钱学森书信》第8卷252～254页，国防工业出版社，2007年。

不过，公务员要么贴歪了，要么日期、报刊名写不完整，钱学森不满意。钱学森的儿子钱永刚说:“我来！”钱永刚贴的剪报，跟钱学森一样规范，钱学森这才满意。

年近百岁时的钱学森看报，只能大致上看看大标题。他对哪篇文章有兴趣，就请公务员读给他听。他依然是那么关注国家的命运，科学的进展。

“铁杆”广播迷

我见到钱学森两件特殊的“作品”：一个是他自己设计的音箱，另一个是褐色的木柜，看上去像是五斗橱，钱永刚告诉我，那是钱学森自己设计的收音机。

钱学森不仅每日读报，而且每天收听广播，是一个“铁杆”广播迷。

中央人民广播电台有一档科学普及节目，叫做“科学知识”。从20世纪60年代起，“科学知识”就有了两个忠实的听众，一个是作家夏衍，一个是科学家钱学森。

夏衍当时是文化部电影局局长。在一次座谈会上，我听见夏衍在那里谈电脑、激光、人造地球卫星、人工合成蛋白质等等，头头是道。他笑道，他的这点“本钱”，是从广播里听来的。作为文学作家，他每天都收听中央人民广播电台的“科学知识”节目，借以了解科学。

我在《解放军报》上看到过一篇报道，说钱学森也“每日必闻”——每天早上6点，听中央人民广播电台的“科学知识”节目。有一次，有人当面“考”他，今天早上的“科学知识”广播什么？钱学森脱口而出：“讲的是南京天文台的趣事。”

钱学森曾回忆说：

> 早些时候电台每天早晨有个15分钟的《科学知识》节目，后来改叫《科技与社会》，我是天天听这个节目的。1984年在人民大会堂开茶话会，纪念这个节目开办35周年，我去参加了。当时我说要在15分钟以内使听众有所收获才算成功，不要让他听了半天也不知道是怎么回事，那就没起到作用。

中央人民广播电台《科学知识》节目创办35周年座谈会，是1984年8月在北京人民大会堂召开的。钱学森出席会议，并作了发言。钱学森说：“我每天早起听的第一个节目就是中央人民广播电台的《科学知识》（当时这个节目每天早上6：00～6：15在中央台第一套节目播出）。我非常感谢这个节目的编辑、记者和为节目撰稿的作者们，他们每天都在给我上课，给了我很大帮助。如果没有这些老师们，那我今天就不可能了解更多的现代科学技术知识。”

接着，钱学森笑着说：“那么，大家可能要考我了。我每天早晨6点钟起来做的第一件事就是收听《科学知识》节目，今天也不例外。今天早晨6点到6点15分的《科学知识》节目播出的内容是什么？今天的《科学知识》节目播的是中国科学院学部委员、紫金山天文台名誉台长张钰哲研究员撰写的稿子，他从紫金山天文台的历史讲起，一直讲到我们国家天文科学的发展情况。对不对呀？”钱学森的话音刚落，全场立刻响起了热烈的掌声。

钱学森身为科学家，为什么还要收听“科学知识”节目呢？因为专家只是在他的专业范围内是“行家里手”，专业以外的知识，需要从科普作品中汲取。钱学森学识高深，仍天天听“科学知识”节目，说明他深知专家也需要科普的道理。

钱学森向来主张科学家不能太“专”。他从美国回国之后，当时就感到：

> 清华、交大不像原来了，专业分得很细，培养出来的都是“专家”。要知道在美国“专家”是个贬义词，如果他们说到谁是“专家”，意思就是说他就懂那么一点点，而且有点死心眼。

1986年，中央人民广播电台及时提出调整节目格局的设想。当时担任中国科协主席的钱学森，看过中央台的书面报告后，马上批转给几位副主席，指出：“中国科协似应对中央台的《科学知识》节目有所帮助。请找钱三强副主席商量一个具体办法。”在钱学森的支持下，在中国科协的帮助下，中央人民广播电台《科学知识》节目组建了由200多位专家参加的科技和医学宣传两个咨询团，著名科学家吴阶平、朱光亚、周光召和陈敏章等出任名誉顾问或首席顾问，保证了节目的权威性和科学性。

钱学森另一个“雷打不动”的生活习惯是每天晚上6时半，他必定收听中央人民广播电台的新闻联播节目。为此，钱家通常在晚上6时吃晚饭，半小时内吃完晚饭，然后开始收听节目。他非常关心国内外的政治动态，以为新闻联播是信息准确而又及时的节目。

直到九十多岁了，钱学森还一直收听中央人民广播电台的新闻联播节目。不过，他的听觉渐渐减弱，特别是女声，他往往听不清楚。钱永刚告诉我一个细心而又有趣的观察结果：新闻联播节目是男女播音员交错播送新闻。男声在播的时候，钱学森睁大眼睛在听。到了女声播出的时候，钱学森的眼睛闭上了。接着，男声播出，他的眼睛马上又睁开了！

令我惊奇的是，钱永刚说，钱学森几十年来不看电视。对此，钱永刚解释说，这是钱学森早年在美国任教的时候养成的习惯。加州理工学院的教授们为了专心工作，绝大多数人不看电视。

但是，2009年钱学森开始看电视了，那是由于他的听觉衰退，听不清楚广播，改为看每晚7时的中央电视台的新闻联播节目，虽说依然听不清播音员的声音，但是他可以从电视画面大致了解国内外动向。

看完电视节目，他开始练气功，然后睡觉。

科普高手

日日听，月月听，年年听，从钱学森多年坚持听中央人民广播电台的《科学知识》节目这件事，可以看出他对科普工作的高度重视。

“如果你有机会去钱老的家，你会发现他家里面的科普书是最多的。别人总以为这样的科学大家很少会看科普书，但是钱老却看得津津有味。”戴汝为院士曾经这么说。

钱永刚回忆说[①]，他在上中学的时候，他的爷爷托人从上海买到一套第一版的《十万个为什么》。钱学森看了之后，以为值得让钱永刚看。正值暑假，钱学森规定钱永刚每天必须看40页，并对他说，“看不懂就问我”。就这样，钱永刚读完了第一版的《十万个为什么》。

“文革”后，钱永刚又买了一套1980年出版的《十万个为什么》第四版，全书印刷考究多了，还是精装的。钱学森看到后向永刚“借”了两本拿去看。过了两三天，把书还给永刚，讲了句至今让永刚不能忘记的对该书的评价：“我看不如第一版的好。介绍的范围比老版宽多了，但是读了之后，对科学知识的整体认识反而模糊了。”这一段话是钱永刚教授在2010年10月审阅本书清样时亲笔加上去的。

钱学森非常重视科学普及工作。钱学森多次论述科普的重要性：

---

① 2009年12月5日叶永烈采访钱永刚教授于北京。

> 科学普及工作很重要。它关系到科技后备军的成长和广大工农兵科技水平的提高。
>
> 我们的目的是共产主义的自由王国，如果没有很高的认识客观世界的水平，就不可能进入共产主义自由王国，而且不是哪几个人，而是全体人民都要有一个很高的认识世界的水平，所以要对全民进行认识客观世界和改造客观世界的教育，这就是科学技术普及工作的内容。
>
> 今天人类发展、进步到这么一个时期，掌握知识、智力，或者说掌握认识客观世界和改造客观世界的本事才是最根本的……我们要认识客观世界和改造客观世界，科普就不能只限于自然科学技术的普及。人不了解社会是不行的，我们现在有很多问题，固然有自然科学技术问题，但是很多是由于不了解社会，不知道社会发展规律。

钱学森强调，做好科普，是每一个科学家的责任。他甚至提倡，在完成一篇科学论文的同时，完成一篇科普文章。

钱学森说："做好科普工作并不那么简单，科技人员要把一个专业化的问题向外行人讲清楚并不容易。""作为一个科学工作者，应该有这样的本事，能用普通的语言向人民（包括领导）讲解你的专业知识。"

钱学森曾经讲过一段往事："我在美国加州理工学院研究超声速问题的时候，有一次，系里来了一位官员，是美国国会议员，管这方面事的，他问超声速是怎么回事啊。我的老师冯·卡门是很会做科普宣传的，他先不说什么，把国会议员带到他的澡盆边，放上水，用手在水面上划。划得很慢很慢，水波就散开了。于是冯·卡门告诉他，这是因为手划得比水波慢，像亚声速；他又划得很快，水波就成尖形两边散开，就像超声速。这位国会议员说他懂了，其实也没完全懂，只是这个意思他大致上明白了。这就是一个怎么让不懂的人懂的形象的例子。”

听过钱学森讲座的江苏省军区原司令员林有声将军回忆说，钱学森讲课非常生动，而且浅显易懂。林有声将军说：

有一次介绍什么是导弹、导弹怎么上天时，钱学森很骄傲地对大家说，最早发明导弹的国家，其实就是中国。为什么这么说呢？因为中国最先发明了火药，而把导弹送上天的技术其实就起源于中国的鞭炮。鞭炮里有一种叫“二踢脚”，“二踢脚”一点燃后就会从地上飞到天上，然后爆炸发出声音。而导弹的工作原理其实跟“二踢脚”一样啊，就是点火之后利用火药的推力发射到天上。所以说导弹是中国第一个发明的，一点儿也不为过。

钱学森把导弹比喻为“二踢脚”，又形象又易懂。

钱学森说：“科普的对象是广大人民群众，在我国主要有三个层次。一是为农村及小集镇的‘大农业’服务的科普和为城市‘大工业’服务的科普。这种大面积的科普，可以大大提高劳动者的科学素养和生产技术水平，使产值翻番。二是为广大干部科学素养服务的科普。‘科盲’是当不好干部的。三是为科技专家们了解非各自领域的新发展，以开阔思路服务的科普。我过去把它叫做‘高级科普’。现在看来，应改称‘宏观学术交流’。”

钱学森对三种不同层次的科普，都很重视。

钱学森回国之初，在北京积水潭总政文工团的排演场给中国人民解放军的高级将领们讲述什么是导弹，他作了一场又一场的报告，这报告就是关于导弹技术的科普报告。钱学森也像自己的老师冯·卡门那样，讲得又通俗又生动。可以说，关于导弹技术的科普报告，是钱学森所讲的第二类科普，即“为广大干部科学素养服务的科普”。

此后，苏联发射人造地球卫星，钱学森又写了许多科普文章，向广大普通读者讲述人造地球卫星是怎么回事。这些文章，可以说是钱学森所讲的第一类科普，即“大面积的科普”。

钱学森也进行第三种科普，即“高级科普”，或叫“宏观学术交流”。

据钱学森的学生樊蔚勋回忆，1956年5月起，中国科学院力学研究所所长钱学森为向全所高、中、初级研究人员普及工程技术知识，特设立“高级科普”讲座，请外面人来讲，每周一个下午，每次都是由钱所长个人出资为会议准备了奶油夹层饼干等茶点。

樊蔚勋说：

钱所长1935年出国留学以前，曾经在南昌飞机修理厂实习过。我在报考中国科学院力学研究所研究生时，递交了《略论飞机静力试验》一文，总结了自己在南昌飞机工厂（原南昌飞机修理厂的厂房基础上扩建的）前后2次参加、2次主持完成共4次飞机静力试验的技术经验。钱所长知道了很高兴，要我在“高级科普”讲座上讲一次。我在“开场白”里说：“各位先生（对高级研究人员的敬称）都是力学工作者，我现在介绍一下工厂里的力学工作者是怎样进行工作的。”坐在黑板一侧主持会议的钱学森所长站起来纠正说：“樊蔚勋的话不对，是强度工程师，不是力学工作者。”

钱所长重视科学普及，他要求我们学会把表面上很像高深的科学用形象易懂的语言、深入浅出地讲清晰。这既要求我们对需要解答的问题作深切的思虑（不然是难于用几句话说清晰的），又要求我们提高抒发能力。

可以看出，钱学森跟冯·卡门一样，也是一位科普高手。

钱学森用一句话来概括科普的重要性：“道理很简单：科学技术很重要，要大家都懂，都重视，就需要科普。”

写信的故事

钱永刚送我一套《钱学森书信》，总共10卷，16开本。钱学森秘书顾吉环告诉我，他曾经遵钱学森的嘱咐，给美国友人寄过一套，总重量为35公斤！

这套《钱学森书信》之所以又大又厚，不仅仅因为钱学森的书信多，而且是手稿的影印本。

钱学森的书信，总共达7000多封。《钱学森书信》所收录的，还只是其中的3331封、写给1066人或单位的书信。选编书信的写作时间是1955年6月15日至2000年11月26日。

我逐卷阅读《钱学森书信》，由于是手稿影印，可以看出，钱学森的这些书信全部是亲笔，不是秘书代劳。他的字，端端正正，没有一封龙飞凤舞。尤其是从1964年开始，钱学森的书信如同刻蜡纸一样工整。

钱学森书信卷面非常干净，没有"大花脸"——大量的圈圈改改，偶尔有一两处涂抹，可见他写作时思路非常清晰。

信的开头，总是写上收信的单位名称或者地址，然后才写收信人名字。信末，除了早期的少数信件把"1959"写作"59"或者没有写年份之外，绝大多数信末都清清楚楚写明年月日。有的人写信，往往只写月日，不写年份，这样过了几年往往弄不清楚是哪一年写的。

钱学森的字迹如同刻蜡版一样，一笔一画从不潦草。只是到了20世纪90年代末，他的右手颤抖，字迹才有点歪扭，但是依然清晰可辨。像他这样的年龄，早年写惯繁体汉字，在写信时，间或会出现一些繁体汉字是习惯使然，但是我注意到他的书信，除了“协”字写成繁体的“協”之外，几乎是清一色的简体字。这表明钱学森在回国之后，非常认真学习简体字。

不过，在钱学森的书信手迹中，还可以看到一些不规范的简体字，如“意”字写成“乙”下面一个“心”字，“展”写成“尸”下一横，“部”字写成“卩”等。这些字，大都是1977年12月20日《第二次汉字简化方案（草案）》中的简化字。《第二次汉字简化方案（草案）》在公布之后，由于受到普遍的反对，只试用了半年多，到了1978年7月《人民日报》《解放军报》都停止试用这批简化字。可是，当时已经认真学习了《第二次汉字简化方案（草案）》中简化字的钱学森，有的字写惯了，没有改过来，所以仍然沿用那些被停止使用的简化字。

在书信中，钱学森的习惯用语“您们”，现在很少有人用了，甚至有人认为不合乎汉语规范，但是老舍、王蒙、从维熙的作品中都用过“您们”，表明“您们”还是可用的。

钱学森致陈叔通的这封信是历史性文献，理所当然成为《钱学森书信》的开卷之篇。

《钱学森书信》其实是钱学森对方方面面的问题发表见解的真实记录。他的涉猎面之广，学识之博，是令人佩服的。

钱学森的书信，是用钢笔书写的。除了早年少数几封信用印着“中国科学院力学研究所”的公笺之外，绝大多数是用A4白纸写的。收入《钱学森书信》的信中，除了最初的两封信是竖书之外，其余都是横写。虽然白纸上没有横线，钱学森的一行行字都保持水平，而且行距相等。

《钱学森书信》能够得以出版，钱学森秘书涂元季功不可没。他在1983年起担任钱学森秘书，就把所有钱学森寄出去的信件复印留底，所以才有那么多钱学森书信手迹。钱永刚说，“几十年下来，一个保险柜被塞得满满的。”

我问钱永刚，1983年前的钱学森书信没有留底，怎么办呢？他说，靠征集。虽然征集了不少，但是失散的还是很多。

我又问，钱学森的书信有没有用电脑写的呢？钱学森发不发E-mail？

钱永刚的答复使我惊讶：钱学森从来不摸电脑！尽管钱永刚是从事计算机应用软件系统研制的高级工程师，他1988年毕

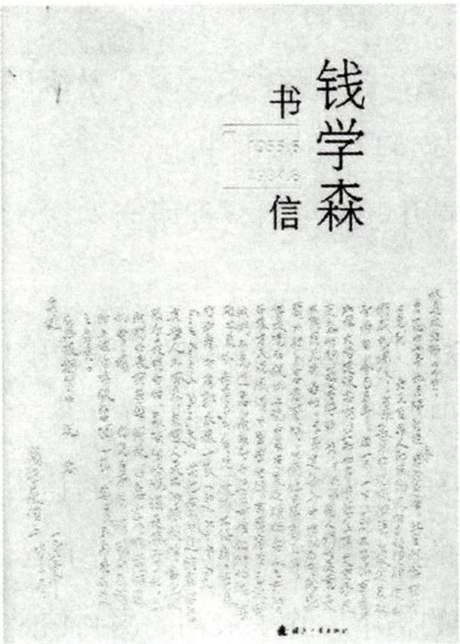

《钱学森书信》封面

业于美国加州理工学院计算机科学系，获硕士学位。但是钱学森从不使用电脑，当然也就谈不上用电脑写信和收发E-mail了。

我还问，钱学森记不记日记?

钱永刚说，不记。不过，钱学森有着非常详尽的工作笔记，每天都记，相当于日记，一本又一本。只是他回国之后的六十多本工作笔记，因为涉及国防机密，所以至今仍保存在他办公室的保险柜里。这些工作笔记什么时候能够公开，恐怕还要等很久。

涂元季说："《钱学森书信》这套书出版前，我曾开玩笑说，如果换个名字，比如说叫《钱学森内心世界大揭秘》，摆在书摊上一定能吸引更多的人。其实，通过这些书信，我们能走进他的内心世界，我建议年轻人看一看，是会受到启迪的。"

小青年PK钱学森

小青年PK科学大师钱学森，这个故事有趣而令人感动。

在阅读《钱学森书信》第一卷时，我见到钱学森在1964年3月29日写给郝天护的一封信，反映了钱学森承认自己错误的勇气。

那是在1964年1月19日，一位新疆生产建设兵团农学院的青年，名叫郝天护，给钱学森去信，指出钱学森新近发表的一篇关于土动力学的论文中，一个方程的推导有误。

钱学森亲笔给郝天护复信，信中说[①]：

---

①《钱学森书信》第1卷第84页，国防工业出版社，2007年。

我很感谢您指出我的错误！也可见您是很能钻研的一位青年，这使我很高兴。

科学文章中的错误必须及时阐明，以免后来的工作者误用不正确的东西而耽误事。所以我认为，您应该把您的意见写成一篇几百字的短文，投力学学报（编辑部设科学院力学所）刊登，帮助大家。您认为怎样?

让我再一次向您道谢。

我注意到，钱学森写给郝天护的信中，称呼对方为您，而且在您字之前空了一格，表示对小青年的充分尊重。

在钱学森来信的鼓励之下，郝天护把自己的见解写成700字的一篇文章，题为《关于土动力学基本方程的一个问题》，经钱学森推荐，发表在1966年3月第9卷1期《力学学报》上。

钱学森的信，给了郝天护极大的鼓舞，后来他回忆说："他的炽热回信对我的一生起了极其重要的影响，使我在艰难条件下也坚韧地崇尚科学矢志不移。"

郝天护于1953年毕业于清华大学，1956年曾听过钱学森的报告。后来，由于被指斥为走"白专道路"而遭到"批判"，20世纪60年代初被"下放"到新疆生产建设兵团农学院。即使在那样偏远的地方，他仍关注学术动态。他发现了鼎鼎大名的钱学森论文中的错误，怀着惴惴不安的心情给钱学森写了那封信。没有想到，钱学森向他承认了错误，并推荐他的文章在《力学

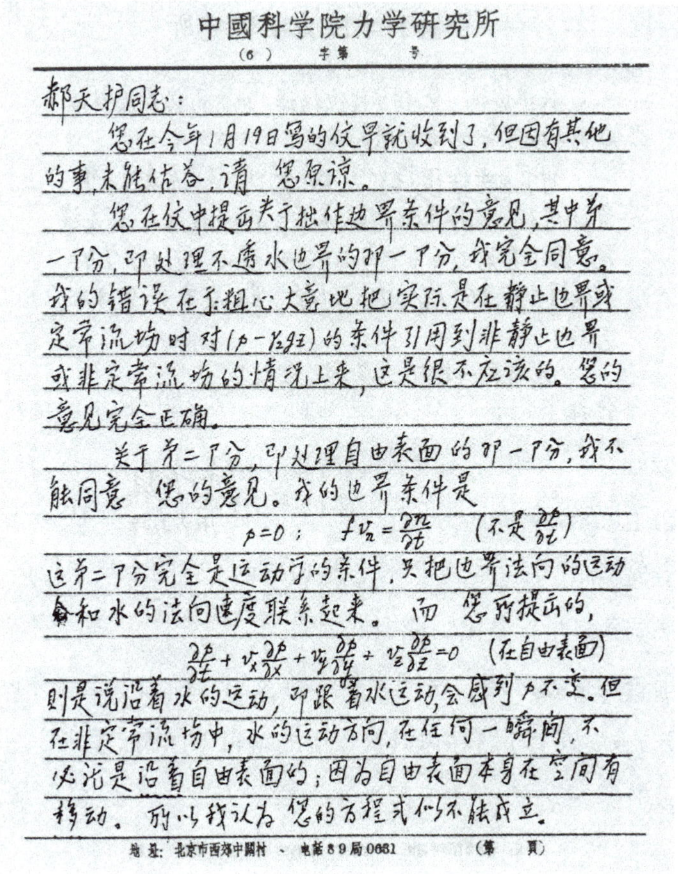

中國科学院力学研究所

（6）　字第　号

郝天护同志：

您在今年1月19日写的信早就收到了，但因有其他的事，未能作答，请 您原谅。

您在信中提出关于拙作边界条件的意见，其中第一部分，即处理不透水边界的那一部分，我完全同意。我的错误在于粗心大意地把实际是在静止边界或定常流场时对（$p-\gamma gz$）的条件引用到非静止边界或非定常流场的情况上来，这是很不应该的。您的意见完全正确。

关于第二部分，即处理自由表面的那一部分，我不能同意 您的意见。我的边界条件是

$$p=0\;;\qquad \rho v_n=\frac{\partial n}{\partial t}\quad（不是\ \frac{\partial p}{\partial t}）$$

这第二部分完全是运动学的条件，只把边界法向的运动和水的法向速度联系起来。而 您所提出的，

$$\frac{\partial p}{\partial t}+v_x\frac{\partial p}{\partial x}+v_y\frac{\partial p}{\partial y}+v_z\frac{\partial p}{\partial z}=0\quad（在自由表面）$$

则是说沿着水的运动，即跟着水运动，会感到p不变。但在非定常流场中，水的运动方向，在任何一瞬间，不必定是沿着自由表面的；因为自由表面本身在空间有移动。所以我认为 您的方程式似不能成立。

地址：北京市西郊中關村　、电话89局0681　（第　頁）

1964年3月29日钱学森致郝天护信

学报》上发表。

1978年，郝天护考取清华大学研究生，回到了母校清华。在读研究生期间，他的各门成绩全是优秀。

如今，郝天护是固体力学专家，教授。在1987、1989、1990年这三年时间里，他发表的论文数分别位居全国第十、第

七和第二位。他还曾连续九年担任国家自然科学基金项目主要负责人，1995年被选为美国纽约科学院院士。

跟茅以升“商榷”

钱学森不仅与小青年有过PK，而且跟著名科学家也有过“商榷”。

在《钱学森书信》第3卷，我见到一个熟悉的名字——严昭，我喊她“严大姐”。在国务院副总理陆定一家中，我曾经两度采访了严昭。严昭是陆定一夫人严慰冰的胞妹，周恩来总理的外事秘书。严昭的父亲严朴，是1925年入党的中共老党员。严昭后来调到科学普及出版社担任编辑。

钱学森写信给严昭，是因为科学普及出版社出版了《茅以升文集》。钱学森对于《茅以升文集》的编辑工作提出意见。

茅以升，著名的土木工程学家、桥梁专家、工程教育家，中国科学院院士，美国工程院院士。茅以升年长钱学森15岁。所以当钱学森尚在交通大学求学的时候，茅以升就在钱学森的老家杭州主持设计并组织修建了钱塘江公路铁路两用大桥，成为中国铁路桥梁史上的一个里程碑，也成为杭州的标志性建筑。

钱学森向来敬重茅以升，与茅以升有着很好的友谊。不过他们之间，也曾经有过PK。

那是1961年6月10日，钱学森在《光明日报》上发表了《科学技术工作的基本训练》。钱学森依照自己走过的学习之路以为，基础课程与专业课程的性质是不同的，不能把基础课程混在专业课程之中。钱学森强调基础课程的重要性。基础课程主要是理论。钱学森说，“理论工作中主要是靠做习题来练，不做习题是练不出本领来的。”钱学森指出，工科的学生应当先要打好理论基础，再来学习工程技术。

茅以升看了钱学森的文章，以为无法苟同。茅以升有着与钱学森不同的治学经历。茅以升作为工程技术专家，以为先掌握了某种技术，再来学习理论，也不见得错。于是，茅以升在1961年6月14日针对钱学森的文章，写了《先掌握技术后学基础理论是错误的吗？——对〈科学技术工作的基本训练〉一文的商榷》。茅以升的文章点了钱学森的名，表示不同的意见。

钱学森与茅以升的争论，原本是很正常的学术之争。钱学森与茅以升之间，并没有因为这一争议而影响彼此的友谊。

1989年11月12日茅以升逝世之后，钱学森还特地撰文纪念茅以升，称颂茅以升是“我的好老师”：

“钱塘江大桥的建成通车证明：在工程技术领域，外国人不能独霸天下了，他们能干的，中国人也能干。茅以升先生是我的好老师，他为中国人争了气……我感谢茅以升先生给我的爱国主义教育。”

然而科学普及出版社在出版《茅以升文集》时，虽然收录了茅以升的《先掌握技术后学基础理论是错误的吗？——对

〈科学技术工作的基本训练〉一文的商榷》，但是删去了文章中提及的钱学森的名字。

于是钱学森致函严昭，提出意见。钱学森的信全文如下：[①]

严昭同志：

昨天在中国科学技术协会、北京市科学技术协会和铁道部科学研究院举办的茅以升同志从事科研、教学、科普工作六十五周年暨九十寿辰的庆祝会上，得到《茅以升文集》一册。回来非常高兴地翻到98页有一篇《先掌握技术后学基础理论是错误的吗？——对〈科学技术工作的基本训练〉一文的商榷》，因为我写过一篇《科学技术工作的基本训练》，再看下去，确实知道茅老当时（1961年6月14日）说的就是我写的那篇东西。事过快二十五年了，回忆往事，是很有兴趣的。

但编辑工作中有个错误，我那篇东西登在《光明日报》是1961年6月10日，不是6月14日。茅老写评论文章的日子才是6月14日，在我写的东西发表四天之后，这也是合情合理的。所以在《茅以升文集》第二次印刷时，希望能纠正这个差错。我也想，最好能指明茅老评议的东西是我写的，我应负文责。所以这一节文字在一开始就改成"《光明日报》在1961年6月10日登载了钱学森的《科学技术工作的基本训练》一文……"我想这种文风也是合乎茅老提

① 《钱学森书信》第3卷43页，国防工业出版社，2007年。

倡的科技工作者道德规范的。

可否请酌。

此致

敬礼！

钱学森

1986年1月8日

从《钱学森书信》中的这两封信可以看出，钱学森不论是对于来自晚辈郝天护的批评，还是来自老一辈茅以升的批评，都虚怀若谷。

学问的来历

钱学森深厚的科学功底，令“两弹一星”系统的科技人员打心底里佩服。几度在发射现场发生重大疑难时，众说纷纭，莫衷一是，是钱学森作为主帅力排众议，作出果断而准确的决定。事实三番五次证明，钱学森的结论是正确的，是他带领科技人员走出困境，闯过难关。很多人除了敬佩钱学森的天才之外，不明白钱学森为什么在科学上能够有一双洞察迷雾的火眼金睛？

1993年夏天发生了一件事，使许多人明白了钱学森学问的来历。

那时候，中国科学院力学研究所忽然接到一个来自美国洛杉矶的电话。电话的那一头，响起了男声，说自己是加州理工学院的教授弗兰克. E. 马勃（Frank E. Marble），是钱学森的老朋友。他说，自己很快就要退休了。他收集、保管了钱学森先生大量的手稿，这些手稿非常珍贵。“我知道钱学森先生曾经是你们的所长，你们要不要这一大批手稿？”

真是出人意料，1955年钱学森被美国“驱逐出境”的时候，美国移民局不许他带走手稿。这样，大量的手稿就留在了加州理工学院。没有想到，将近四十个年头，居然这批手稿尚在！

喜出望外的中国科学院力学研究所除了对马勃教授连声道谢之外，马上打电话给正在美国探亲的郑哲敏院士，希望他跟马勃教授联系，能否带回这一批珍贵的手稿。郑哲敏院士是钱学森的学生，闻讯当即从美国东部飞往西部的洛杉矶。他在马勃教授那里，看到了共达15000余页、重达80磅的钱学森手稿，又惊喜又震撼！

马勃教授是在1946年与钱学森相识，共事于加州理工学院喷气推进实验室。他是富有正义感的美国人。当钱学森被美国移民局关进拘留所的时候，他开车前去探望钱学森，并为钱学森找律师申诉。

1955年当钱学森离开美国之后，他看到钱学森的手稿，散落在钱学森原先的实验室、办公室里，就帮钱学森收集起来。钱学森有个很好的习惯，他总是把手稿、资料保存在一个个牛皮纸的口袋里，在袋上写明文件的总标题。马勃教授把这些牛皮纸口袋保存起来，经过将近四十年，仍完好无损。

郑哲敏院士代表钱学森向马勃教授深表感谢。他把一部分手稿先带回中国。接着，中国科学院力学研究所邀请马勃教授夫妇访华。1996年，中国科学院力学所成立40周年的时候，第二批手稿由马勃先生亲自带到中国。至此，钱学森的全部手稿完璧归赵。

钱学森的这些珍贵手稿，被保存在中国科学院力学研究所。令人叹为观止的是，全部文稿用英文端端正正书写，字迹娟秀，简直是一页页艺术品。手稿分门别类装在一个个牛皮纸大信封里，有条有理。这些手稿，涉及应用力学、喷气推进、工程控制论、工程科学、物理力学等方方面面。如此众多的手稿，无

1996年12月11日钱学森（左二）好友、美国两院院士马勃（右二）偕夫人看望钱学森夫妇，并送来保存多年的钱学森手稿

声地说明了钱学森那广博深邃的学问是怎么得来的。

山西教育出版社从中选编了一部分，出版了《钱学森手稿》，让更多的读者领略钱学森一丝不苟的工作态度。

戴汝为院士说，钱学森手稿里头的英文都是手写的，写得非常之清秀流畅，一个个数学公式非常严整，一幅幅图表非常规范整洁，即使小小的等号也标准得像使用直尺画的一样。例如，他在研究解决薄壳变形的难题时，手稿长达800多页。在手稿达到500多页的时候，他在后面写上“不满意”，继续攻关。当这个问题彻底解决之后，他在装手稿的信封上用红笔写上了“final”，意思是这件事情做完了，但即刻认识到，在科学认识上没有什么是最终的，于是他又紧接写上了“Nothing is final”，可见他热中有冷的科学态度。力学所的一些同志把它送给科学院的老领导张劲夫同志看。张劲夫同志看了之后很感动。

张劲夫同志读了《钱学森手稿》之后，撰写了《让科学精神永放光芒——读〈钱学森手稿〉有感》的文章，他指出：

> 这是一份难得的世界科学精神的宝贵财富。我虽不懂得英文，也不懂得力学专业知识，但看到学森同志当年做学问时写得清秀流畅的一串串英文，工整严密的数学公式推导，大量复杂的数值计算，严格规范的作图制表，再加上编者通俗易懂的中文说明，使我看到了在《手稿》中所体现的闪闪发光的科学精神和科学作风。

曾经在钱学森手下工作多年、后来担任国家体育总局局长的伍绍祖回忆说，他最初当参谋的时候，受到钱学森的一次表扬。那是因为钱学森看到他总是随身带着工作笔记本，随时进行记录。钱学森的表扬，使伍绍祖从此一直保持这一良好的工作习惯。

丰硕的人生秋天

2008年新年钟声撞响之后，钱学森步入97岁高龄。虽然由于年老而终日在家，但是大洋彼岸仍不时“惦记”着他。

2008年1月6日，美国《航空周刊与空间技术》亚太区主管布拉德利·佩雷特（Bradley Perrett）在该刊发表《钱学森为中国太空事业奠基》一文。他从2007年1月轰动世界的“反卫星（Asat）”事件说起，“中国用一个地面发射的导弹销毁了它自己的一个航天器，粉碎了一个老化的气象卫星”。这件事表明中国具有“以高级传感器以及追踪和精确弹道控制技术为基础的能力——之前只有美国和俄罗斯拥有”。他又说及2007年10月“中国展开了它的第一次行星任务：将一个科学探测器送上月球”。

布拉德利·佩雷特以为，“为这些成就奠定基础的人是一位出色的科学家”，那就是钱学森。

布拉德利·佩雷特在文章中详细介绍了“1911年在大清帝国的最后几个星期里出生”[①]的钱学森，如何在美国得到精心的

① 钱学森出生时清朝已亡。

培养，成为第一流的火箭、导弹专家，而由于美国的“愚蠢”，竟然把钱学森“驱逐”到中国去。

布拉德利·佩雷特说：

> 钱学森成为我们的年度人物并不是由于其亲自领导取得了这些成就。已经96岁高龄并且身体状况并不太好，他已经很多年不在中国空间项目中活动。然而，正是他，作为新中国科学和工业的奠基人之一，扮演了无可替代的重要角色。从1956年开始，他几乎是从无到有地创造了这一切。在那个年代，他的中国同行对火箭的喷气推进知之甚少。

他在文章中这样“惦记”着这个“非常老的人”，危言耸听般说道：

> 如果中国现在是美国的战略性对手，那么钱的成果就史无前例的重要了——特别是中国经济正无情地向前发展，并且注意力集中在世界舞台。所以这个非常老的人一直与这一切有关。

半个月后，2008年1月20日，美国《华盛顿时报》也“惦记”起钱学森，发表威廉·霍金斯的文章，标题为《中国的年度人物》：

当《时代》周刊将普京评为2007年度人物的时候，世界的目光都被吸引了。

但是并没有引起人们太多注意的是，美国《航空周刊与空间技术》将钱学森评为年度人物。钱学森被视为中国航天工业之父。正像《航空周刊与空间技术》评价的："2007年，在航空航天领域，没有什么比中国跃升到太空力量的第一集团更能改变现状的事了。"

2003年，中国成为世界上第三个完成载人航天飞行的国家。2007年，北京进行了反卫星试验，并在10月发射了探月卫星。

如果说普京的政策唤起了大家对过去的回忆，那么钱学森的成就应该被视为对我们面临的新危险的警告。

"二战"时期，钱学森是在美国学习的航空工程学并协助加州理工学院成立了超音速实验室。共产党在中国执政后，钱学森对祖国的忠诚使得他成为（美国的）安全威胁。虽然他的离去是有争议的，但可以肯定的是，他掌握着很多重要信息。

尽管如此，更直接促成北京现在的战略进步的，是近些年的技术转移。其中，中国与俄罗斯的合作是一个重要部分。同时，着急赚钱的美国公司通过商业途径也向中国转移了技术。这些技术对中国的崛起，起到了助推作用。

同样是在2008年，钱学森被中央电视台评为2007年“感动中国年度人物”。

从这两个“年度人物”可以看出，愈是晚年，钱学森的声望愈高。可以说，在钱学森晚年，荣誉纷至沓来：

1989年，78岁的钱学森荣获国际技术与技术交流大会和国际理工研究所授予的“小罗克韦尔奖章”，“世界级科学与工程名人”和“国际理工研究所名誉成员”称号。“小罗克韦尔奖章”是国际理工研究所于1982年设立的最高奖赏，每年授予至多3位在国际理工界有很高声望的科学家。当时，接受“世界级科技与工程名人”称号的科学家16人中，钱学森教授是唯一的中国学者。

国防科工委和中国科协为祝贺钱学森获得“小罗克韦尔奖章”，举行了座谈会。钱学森在会上说，“今天给我的奖，说是第一名中国人得此奖。我说，要紧的是‘中国人’三个字，这个‘中国人’，应该包括中国成千上万为此作出贡献的人。”

1991年10月16日，80岁的钱学森荣获国务院、中央军委授予的“国家杰出贡献科学家”荣誉称号和中央军委授予的一级英雄模范奖章。可以说，这是钱学森所有获得奖励中的最高荣誉。

钱学森在获奖时深有感慨地说，自己能够为国家做一点事，是与党的领导和在座同志们的支持、帮助分不开的。没有党和集体，他将一事无成。

接着，在1995年，香港何梁何利基金颁发首届“何梁何利基金优秀奖”时，把84岁的钱学森列为首选人物。

1996年4月，在交通大学百年校庆之际，由江泽民总书记题写馆名的钱学森图书馆，矗立在西安交通大学的四大发明广场。这是第一座以中国大陆境内健在的科学家命名的图书馆。

1999年，中共中央、国务院、中央军委表彰“两弹一星”功勋科学家，88岁的钱学森理所当然名列其中。

2001年，经国际小行星中心和国际小行星命名委员会审议批准，中国科学院紫金山天文台发现的国际编号为3763号小行星，被正式命名为“钱学森星”。

2001年11月7日，霍英东奖金委员会把第二届“霍英东杰出奖”授予90岁的钱学森。由于钱学森卧床多年，行动不便，夫人蒋英代他去领取霍英东基金会科学奖金。临走时，蒋英对他说：“我代表你去领奖金了。”钱学森笑着：“那好，你要钱，我要奖（蒋）！”“钱”和“蒋”，正是钱学森和蒋英两人姓的谐音。钱学森把所领取霍英东基金会科学奖金全部捐献出去了。

2007年12月9日，96岁的钱学森除了成为中国与美国两项“年度人物”，还曾于1979年5月9日获得母校加州理工学院的“杰出校友奖”。

2009年3月28日，“世界因你而美丽——2008影响世界华人盛典”在北京大学举行，98岁高龄的钱学森获最高大奖——“终身成就最高荣誉大奖”。

2009年9月25日，新中国60周年大庆前夕，钱学森入选“中国因你而骄傲，世界为你而感动”为主题的“建国60周年感动中国60人”。

有人称，这是一种名人的“马太效应”。“马太效应”是美国科学史研究者罗伯特·莫顿在1968年首先提出的，指的是“好的愈好，坏的愈坏，多的愈多，少的愈少的一种社会现象”。马太，取义于《圣经·马太福音》。

其实，种种奖励和荣誉，对于钱学森来说，是实至名归，是对他为中国、为人民作出的巨大贡献的肯定。

尽管在钱学森晚年，各种各样的荣誉如雪花般飞来，但是钱学森本人非常低调，他坚持“四不”：

一不题词，不好为人序；

二不接受采访，不同意出传记；

三不出席各种应景活动；

四不担任顾问、名誉顾问。

当人们称颂他是中国“火箭之父”“导弹之父”时，他总是说，没有党的领导，没有那么多人共同努力，哪有火箭？哪有导弹？

钱学森走过了漫长的人生之路。

我曾经仔细看过钱学森与中共四代领袖的合影，仿佛浓缩了不同岁月的钱学森身影：

1956年2月，毛泽东主席在国宴上请钱学森坐在他的身边，那时候45岁的钱学森一头黑发，显得那么年轻活跃；

1989年9月，邓小平接见钱学森时，78岁的钱学森头发稀疏，但是仍很精神；

1996年12月江泽民总书记去看望钱学森时，85岁的钱学森不能站立，只能坐在客厅的椅子上，但是谈吐自如，思维活跃；

2008年1月19日，胡锦涛总书记去看望97岁的钱学森时，钱学森坐在床上，虽然听觉差一些，仍能与胡锦涛交谈。

钱学森有严格的作息制度。由于年事已高，通常不见客。每年的12月11日，来客特别的多，因为那是钱学森的生日。

另外，“神舟”系列飞船成功发射之后，航天员们前来拜访钱学森，这差不多成了惯例。杨利伟、聂海胜、费俊龙都上门看望过钱学森。

1956年2月1日晚毛泽东设宴招待全国政协委员，特别安排钱学森同自己坐在一起，进行了亲切的谈话

1989年10月1日，邓小平和钱学森在国庆招待会上

1996年江泽民到家中看望钱学森

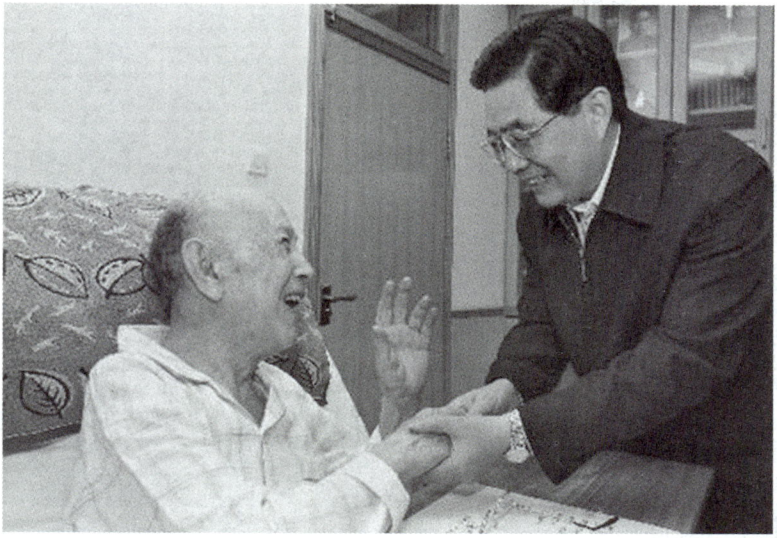

胡锦涛同钱学森亲切交谈

钱学森最喜欢吟诵的诗句是：

事理看破胆气壮

文章得意心花开

步入晚年，钱学森思索的范围更加广阔，迎来了人生丰硕的秋天。他把大量的时间用于开拓新的领域，提出新的科学理念和理论。他主持编辑了《论系统工程》及其增订版、《关于思维科学》《人体科学》《创建人体科学》《论地理科学》《科学的艺术与艺术的科学》等著作，并支持他人将自己的讲话、文章、书信分类整理出版。

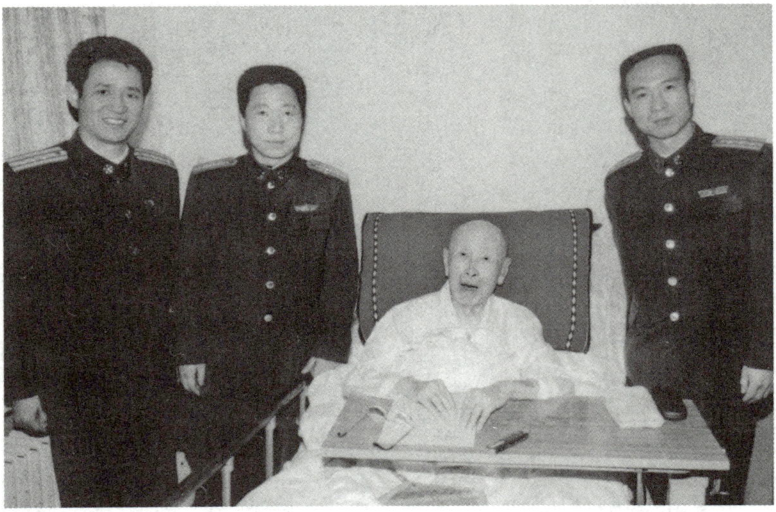

2006年1月10日上午，杨利伟、费俊龙、聂海胜三位航天员到钱老家中看望钱学森

“我是大科学家钱学森！”

钱学森是一个谦逊的人，他从未称自己是“大科学家”。然而，在他的晚年，却有一次例外，他竟然大声疾呼，自称：“我是大科学家钱学森！”

向我讲述这一有趣的故事的，是钱学森的保健医生赵聚春。

钱学森晚年，久卧病榻，语言不多，有人怀疑钱学森是否患了老年痴呆症。

老年痴呆症又称“阿兹海默氏症”。据不完全统计，在61～64岁的老年人中，患老年痴呆的比率为1%，在65～80岁的老年人中，达5%，而在80岁以上的老年人中，高达15%～20%。

当时，钱学森年已九旬。

于是，趁钱学森有一回住院时，大夫就对他进行老年痴呆症测试。

老年痴呆症的表现之一，就是计算数字产生障碍。大夫按照老年痴呆症的测试“规矩”，问钱学森：“100减7是多少？”

钱学森不假思索回答说：“93。”

大夫继续问：“93减7是多少？”

钱学森迟疑了一下，答道：“86。”

大夫再问：“86再减7呢？”

这时，钱学森发觉大夫似乎怀疑他的思维能力，拿这种测试小学生数学水平的题目对他进行测试，顿时脸露愠色，大声呵斥道：“你知道你问的是谁？我是大科学家钱学森！”

负责测试的大夫先是一怔，然后忍俊不禁笑了。因为这清楚表明，钱学森没有老年痴呆症。

听了赵聚春医生转述的这一趣事，我特地查阅了老年痴呆症测试问卷，其中果然有一道测试题：“请受试者计算：100减7是多少？再减7是多少？再减7是多少？依此类推，计减5次为止，每答对1次得1分。”

从2002年起，赵聚春医生接替周顺祥医生担任钱学森的保健医生，直至2009年10月31日钱学森病逝。在2002年之前，周顺祥医生休假时，就由赵聚春医生代替，所以赵聚春医生在钱学森身边工作了多年。赵聚春医生总是称钱学森为“首长”。

给赵聚春医生留下深刻印象的是，钱学森的时间观念特别强，非常守时。记得有一段时间钱学森患牙病，需要到301医院补牙。

赵聚春医生事先为钱学森约好诊治时间，每一次都在上午8时。赵聚春医生总是在7∶30到301医院南楼取出钱学森病历，做好准备工作。将近8时，他到楼下等候。这时，钱学森的黑色轿车会准时到达。一身军装的钱学森下车之后，赵聚春陪他乘电梯上楼，来到牙科诊室，不早不晚，8时整！

一连看了5次牙病，钱学森都是如此分秒不差。

同样，医生到他家给他打针，约好8∶30，他就坐等，但是过时不候。

赵聚春医生说，钱学森体质不错，中年时期几乎不生病，不住院。钱学森的健康亮起红灯，是在20世纪80年代初的一次体检时，工作非常仔细的301医院化验员从钱学森尿液沉渣中发现了肿瘤细胞。于是，医生对钱学森进行严格的身体检查，查出尿液沉渣中的肿瘤细胞来自膀胱。这表明，钱学森可能得了膀胱癌。钱学森不得不住院检查。

经过膀胱镜检查，确诊患膀胱癌。著名泌尿科专家、中国科学院学部委员（即院士）吴阶平关注钱学森的病情，过问钱学森的膀胱癌手术。

幸亏发现得早，钱学森经过外科手术切除恶性肿瘤之后，直至他98岁病逝，都没有发现癌症转移。

1991年10月16日，80岁的钱学森获国务院、中央军委授予的“国家杰出贡献科学家”荣誉称号和中央军委授予的“一级英雄模范”奖章。在授奖大会上，钱学森站起来讲话。当时在场的赵聚春医生说，钱学森穿一身中山装，站得笔挺，声音洪亮。赵聚春医生特别注意到，钱学森的声音带有金属之声，非常好听。

80岁之后，随着年岁的增长，毕竟“老而病”乃人生不可抗拒的规律，钱学森的病渐渐多了起来，开始走下坡路。他觉得走路困难，双腿疼痛，经检查患“双侧股骨头无菌性坏死”，不得不坐上轮椅。在家里，钱学森则依靠推着圆形步行器行走。

接着，钱学森又患“腰椎楔形骨折”，难以久坐。90岁之后，钱学森只能卧床静养。为了使终日卧床的钱学森能够有机会锻炼身体，照料钱学森生活的公务员每天要给钱学森套上钢丝背心，小心翼翼把他放在轮椅上，在房间里转上十几圈。然后脱去钢丝背心，再躺到床上。

毕竟年事已高，钱学森住院的日子也渐渐多起来。钱学森每一次住院，蒋英必定亲自送他下楼，在家门口注视着他被抬上救护车。然后，蒋英到301医院的病房探视钱学森。

赵聚春医生向我讲述了难忘的一幕：在301医院的病房里，钱学森跟蒋英在那里聊天。晚年的钱学森和蒋英的听力都差，他们似乎都听不清对方的话，聊天时“各说各话”，然而却聊得那样津津有味！

钱学森的堂妹钱学敏则回忆说，“钱学森晚年听力很差，要戴助听器，我跟他说话也要大声音。有一回在医院里，我跟他谈话，谈到下午快三四点钟的时候，他突然说，蒋英来了。我就奇怪，因为我还没听出蒋英来了呢。一看，蒋英正从电梯出来，往病房里走，他就听出来了，所以他们好像有心灵感应似的。蒋英进来之后，把外套一脱，把袖子一挽，然后就给他揉肚子，要正着揉36圈，倒着揉36圈，其中有大圈、小圈。我看见他们两个人互相看着、笑着，两个人就这么贴得很近，互相看着，然后一块数，一圈，两圈，三圈……这么数着。”

蒋英晚年也多病。有时钱学森与蒋英同时患病，钱学森住在301医院，蒋英住在306医院。赵聚春医生发现，他在看望钱学森时，钱学森第一句话就是问蒋英怎么样，而他在看望蒋英时，蒋英第一句话就是问钱学森怎么样。为此，赵聚春在看望钱学森之前，先要弄清楚蒋英的病情；而在看望蒋英之前，先要弄清楚钱学森的病情。

赵聚春医生还记得，2005年3月29日下午，钱学森在301医院对他的秘书和身边工作人员谈人才培养问题，当时赵聚春医生在侧。94岁的钱学森在病床上仍然那么关注国家的命运，使赵聚春医生深受感动。

不过，钱学森很不喜欢住院。住院之后，他老是问赵聚春医生：“我什么时候可以出院？”

由于久卧病榻，钱学森肌肉萎缩，原本体形壮硕的他，不断消瘦，体重减轻，公务员轻轻一抱，就把他从床上抱起。

钱学森82岁生日时与夫人蒋英合影

就在这个时候，钱学森被怀疑得了“老年痴呆症”。然而他那“我是大科学家钱学森”一声怒斥，把“老年痴呆症”的嫌疑甩到九霄云外。

最后的岁月

钱学森是怎样度过最后的岁月的呢？

赵聚春医生说，那时候如无特殊情况，他总是在星期三下午3时前往钱学森家中探望。他一走进钱学森卧室，钱学森会在床上举起手来，伸出三个手指头，表明今天是星期三。如果他有事，提早到星期二来钱学森家，钱学森会说：“今天怎么早来了？”倘若他在星期四前去探望，钱学森会说：“怎么今天才来？”

每一次探望钱学森，赵聚春医生坐在床边，给钱学森量血压，测心跳，钱学森就会把闹钟放在他跟前，让他看时间。接着，赵聚春医生检查钱学森的脖子、腋窝，摸淋巴结、心脏、左腿、右腿，最后检查有无褥疮。每一回，都按照程序，一步步检查。有一回，赵聚春医生发现钱学森右侧腋窝有一颗黄豆般的黑色素瘤，就仔细进行了检查。钱学森马上发觉今天赵医生没有按照程序检查，便会追问为什么。

赵聚春医生说，钱学森是与众不同的病人。钱学森是“大科学家”，对自己要服什么药，清清楚楚。每个月钱学森都要请医院给他补充一次药品。每一回，钱学森总是亲笔写一张纸条：“司药同志，请给我发下列药品……”接着，他一一开列药品的名称，然后签上名字，交给赵聚春医生。最为特殊的是，钱学森甚至还附上药品的外包装。赵聚春医生接触那么多病人，钱学森是唯一如此细致对待药品的人。

有几次，药品的外包装改变了，钱学森要向赵聚春医生询问是怎么回事。还有一次，药品的生产厂变了，钱学森仔细询问了药品的成分是否如同原先的那家药厂的产品。

钱学森另一与众不同之处，就是大剂量服用维生素。大剂量服用维生素能够有益于健康，这是诺贝尔奖获得者、美国化学家鲍林的创意。钱学森与鲍林有着多年的友情，尽管鲍林的这一创意在美国有着激烈的争议，但是钱学森对此深信不疑。

301医院大夫对此持慎重态度，不主张钱学森服用大剂量维生素。钱学森不向301医院领维生素，而是托人自购维生素C、B、E，大剂量服用。钱学森自称，他的心血管功能不错，是由于大剂量服用维生素的效果。

钱学森晚年，由于体弱，多次发生肺炎。赵聚春医生以体温37℃为临界线，发现钱学森的体温升到37℃，就马上送301医院住院。如果稍有咳嗽，也立即送301医院住院。

在301医院南楼病房，钱学森常常自称“小弟弟”，因为住在那里的萧克上将比钱学森大3岁，活了101岁，而吕正操上将比钱学森大7岁，活了104岁。跟萧克、吕正操相比，钱学森怎不是“小弟弟”？

每次见到钱学森被送进301医院，赵聚春医生总是为他担心，希望“首长”能够像萧克、吕正操那样超过百岁。钱学森指着一幅油画安慰赵医生。那是在火箭发射基地，在聂荣臻元帅之侧，站着风华正茂的钱学森、李福泽和栗在山。

聂荣臻元帅生于1899年，1992年去世，终年93岁；

李福泽是中国人民解放军少将，国防科委副主任兼20基地司令员，生于1914年，1996年去世，终年82岁；

栗在山是中国人民解放军少将，国防科委副政治委员，生于1916年，2007年去世，终年91岁。

钱学森说：“我活得比他们都长。”

赵聚春医生明白，那是钱学森在安慰他，让他不要担心。

在钱学森生命的最后几年，身体每况愈下，301医院发现钱学森患“呼吸睡眠暂停综合征”。这是在20世纪70年代新确定的一种病症，是指有的人在睡眠时突发呼吸障碍，反复出现短时间停止呼吸，对生命造成严重的威胁。

为了防止钱学森在睡眠时突然停止呼吸，301医院决定给钱学森配置呼吸机进行治疗。当然，戴着氧气面罩进行呼吸，是很不舒服的。为了能够说服钱学森接受治疗，知道钱学森听力不好，儿子钱永刚特地画了呼吸机的草图。经过钱永刚和医生的耐心说明，钱学森点头了。这样，钱学森每天有2～3小时戴着面罩，呼吸机给他输入高浓度的氧气。经过一段时间的治疗，钱学森血液中氧的饱和度有了明显的提高，“呼吸睡眠暂停综合征”也得到一定程度的抑制。

不过，钱学森毕竟已经九十有八，身体越来越虚弱。

万众送别科学巨星

2009年10月31日上午8时6分，钱学森走完他漫长的98年的人生道路，离开了人世。

我请赵聚春医生详细回忆钱学森病逝的经过。赵聚春医生说，钱学森去世前夕，他自己正在306医院住院，钱学森的保健工作临时交给陈静舟医生。

那是2009年10月28日，钱学森发生呕吐，陈静舟医生接到钱学森亲属电话，马上赶到钱学森家中。经过陈静舟医生检查，给钱学森开了药。当时，钱学森的体温37℃。

10月29日上午，钱学森又发生呕吐。陈静舟医生立即报告301医院领导。当时正是甲型H1N1流行性感冒爆发的时候，301医院担心钱学森染上了，派了医生带了甲型H1N1流行性感冒快速测定仪来到钱学森家。经过检测，并不是甲型H1N1流行性感冒。不过，301医院生怕快速测定仪的检测结果不准确，又带回样品到医院进行正规测定，最后排除了甲型H1N1流行性感冒的可能性。

考虑到钱学森接连发生呕吐，而且体温37℃，陈静舟医生认为钱学森必须住院治疗。征得钱学森亲属同意之后，301医院派出呼吸科主任乘救护车到钱学森家，钱永刚也陪同父亲一起来到301医院。301医院对钱学森的肺部进行CT检查，发现有阴影，表明患吸入性肺炎。大夫给钱学森戴上面罩，用呼吸机供氧。经过治疗，钱学森的病情一度稳定。

得知钱学森住院，10月30日赵聚春医生从306医院赶到301医院看望钱学森。当时，钱学森戴着氧气面罩，表情平静。呼吸、血压都正常。不过，赵聚春医生在检查导尿管时，发现了异常：前半段的尿液无色透明，但是后面的尿液颜色却像酱油一样深。这无疑是一个凶兆，表明钱学森从肺功能衰竭演变到肾脏功能衰竭。虽然301医院大夫采取紧急救助措施，无奈钱学森已经气若游丝。

当天晚上，钱学森血压下降，处于病危状态。301医院大夫对钱学森实行紧急抢救。无奈，已经回天无术。10月31日凌晨，钱学森的心脏停止了跳动。临终，他没有留下遗言。

关于钱学森的离世，钱永刚是这么说的：

10月29日吃晚饭时，父亲突然吐了一下。父亲是一位老年人，老年人的身体一旦有变化，我们就必须特别当心，这也是我们多年照顾他的经验。马上测体温，发现父亲体温有点高，当时就决定赶快送医院。

只用了很短的时间，父亲就被送往附近的解放军总医院。

这次与以前不同，一进去就报病危。医生很快给我的父亲进行检查，发现已是严重的肺部感染。可能之前已经出现了轻微的呼吸道症状，但他自己不觉得有什么明显不适，别人也没有特别细心地观测到，等送到医院时，炎症已扩散到肺部。唉，还是有点晚了。

医院很努力，已经尽心了。父亲的肺部出现大面积感染，肺表面只有一部分能供氧，造成身体多个器官因缺氧而怠工，后来血压测不到了，呼吸衰竭，人进入了休克状态。

最后走的时候并没有什么痛苦。可以说，父亲走得很安详，这也是我感到些许安慰的地方。

钱永刚还说：

父亲看书看到最后一天，一直到入院前几个小时都在看报纸，看文件。那天晚上出现呕吐症状后，他虽然还能说话，但精神状态变差了，到医院后处于休克状态。

赵聚春医生回忆说，钱学森故后，301医院有人提议对遗体进行解剖，以查明死因。

中国人民解放军总装备部领导得知，说道："饶了我们的大科学家吧！"因为在总装备部领导看来，钱学森死于年老体衰，瓜熟蒂落，死因是明摆着的，不必再查了。

钱学森是坚强的人。在晚年，钱学森被"双侧股骨头无菌性坏死"锁在轮椅上，被"腰椎楔形骨折"锁在病床上，即便如此，他仍以一颗不停思索的脑袋，以顽强的意志力，关注着国家的命运，关注着时代的步伐。正因为这样，他在生命的最后时刻，仍向温家宝总理发出了震撼教育界的"钱学森之问"："为什么我们的学校总是培养不出杰出人才？"

钱学森病逝之后3小时，2009年10月31日上午11时，新华社发布了新闻："我国科学巨星钱学森今天在北京逝世，享年98岁。"

消息传出，全国震惊。深秋的北京满地落叶。众多北京市民拥向北京的航天大院，悼念这位中国的科学巨星。人们惊讶地发现，钱学森从1960年10月搬到这里，49年过去，依然住在这幢早已陈旧的老式公寓里。

钱永刚说："对于父亲的离去，我有两个意外：一是没想到，父亲走得这么突然，我们这些年积累的应对疾病的经验用不上了；二是没想到，有这么多人来家里吊唁，让我很感动。前两天下雪，我们在外面搭了个4间大棚，放大家送来的花圈，原以为4间怎么都够用了，没想到1天半就放满了。”

在前往钱学森家灵堂悼念的人群中，40位排着整齐队伍的中学生格外醒目。他们是北京海淀实验中学“钱学森班”的代表。这所中学出于对钱学森的敬仰和深情，早在2005年就建立了以钱学森名字命名的班级。钱学森的精神激励着中国的年轻一代。“钱学森班”的一位同学在悼念时说：“钱爷爷的离开让我们感到非常悲痛，虽然我从没有见过钱爷爷，但他的精神始终激励着我成长，从跨进‘钱学森班’的那一刻起，我就暗下

送别钱学森

决心要努力学习，将来像钱爷爷一样报效祖国。”

2009年11月6日上午，钱学森追悼会在北京八宝山隆重举行。中共中央政治局常委胡锦涛、吴邦国、温家宝、贾庆林、李长春、习近平、李克强等全部到齐，前往八宝山送别钱学森。钱学森的校友、前中共中央总书记江泽民以及国务院前总理朱镕基也赶往八宝山吊唁。上万民众自发来到八宝山，为钱学森送最后一程。

2008年诺贝尔化学奖得主钱永健说：“获知伯父钱学森去世的消息后，我们全家人都十分悲伤。但由于预先的工作安排难以改变，所以今天不能来北京参加伯父的追悼会，为此感到很难过。”虽然出生在美国的他未曾与伯父钱学森谋面，但他对自己的这位科学家伯父非常感兴趣，伯父的诸多成就和事迹，他都十分了解，更深刻地意识到钱学森对整个中国的重要性。

钱永健的兄长、美国科学院院士钱永佑写长文表达追思。钱永佑说：

“由于一些外在的因素，当时我和我的家人离开了中国，但一直以来，我们都跟国内的亲人保持着很好的联系。”

“跟世界上很多人一样，我和我的兄弟们都十分崇拜我的伯父，尤其是他的科学成就和不重名利的高贵品格。”

“即使在他晚年的时候，他的思维都非常敏捷。我曾经也通过他在美国加州理工学院的朋友转达过对他的问候，他非常高兴。”

“我的伯父一家都十分友善，对我们全家都很好。我女儿钱向民现在在中国，我伯父一家一直都很照顾她。”

“我母亲说，‘二战’后，伯祖父（钱学森的父亲）作为家中的大家长为整个家族做出了很大的贡献。由于伯祖父的鼎力协助，我才能和母亲一道从中国赶去美国与父亲团聚。而在母亲和我去了美国后，伯祖父还代我们照顾家乡的奶奶，这让我们十分感动。所以，我们兄弟都十分感激伯父一家，他们所做的一切都对我们十分重要。”

温家宝总理在出席钱学森追悼会之后，直接从八宝山乘车前往北京首都国际机场。11月6日上午9时许，温家宝总理乘坐的专机从北京飞往埃及。

随同温家宝总理出访的中国新闻社记者张朔，写下当时专机上的见闻：

> 以往经历告诉记者，专机飞稳后总理就会来记者舱看望记者。很快，温总理出现在记者面前。他像往常一样，与每个记者亲切握手，见到熟悉的面孔，都能叫出名字。但这次总理没在记者席坐下来，而是把我们请到他在前舱的临时“办公室”。
>
> 温总理神情凝重地说：“这两天，我的心情特别不好。”
>
> 现场顿时安静下来。
>
> “我今天早上去了八宝山给钱老（钱学森）送别，然后直接赶来机场的。”

温总理说："我是第一时间得知钱老去世消息的。钱老是我的老师，我们是忘年交。我非常怀念他。这些天，我一直在翻阅往日与他的通信和写的日记。"

温总理动情地回忆起与钱老长谈如何建设中国的生态文明，探讨能否开发地球深处能源等问题。在钱学森晚年，教育则是他们最主要的话题。温总理动情地说："今年8月，尽管钱老说话已很不清楚，由于我们交往时间久了，他的每一句话我都能听懂，我还给他当'翻译'……"

钱学森的追悼会没有悼词，但是就在追悼会举行的那天，新华社发表了相当于悼词的长达六千字的《钱学森同志生平》。《钱学森同志生平》称赞钱学森是"中国共产党的优秀党员，忠诚的共产主义战士，享誉海内外的杰出科学家和中国航天事业的奠基人"。《钱学森同志生平》用十一个"第一"，概括了钱学森对于中国航天和国防科技事业作出的卓越贡献：

——1956年，参与筹备组建中国导弹航空科学研究领导机构航空工业委员会，受命负责组建中国第一个火箭、导弹研究机构——国防部第五研究院，并兼任院长。

——1956年，设立空气动力研究室，组建了中国第一个空气动力学专业研究机构。

——1960年2月，指导设计的中国第一枚液体探空火箭发射成功。

——1960年11月，协助聂荣臻成功组织了中国第一枚近程地对地导弹发射试验。

——1964年6月，作为发射场最高技术负责人，同现场总指挥张爱萍一起组织指挥了中国第一枚改进后的中近程地对地导弹飞行试验。

——1966年10月，作为技术总负责人，协助聂荣臻组织实施了中国首次导弹与原子弹“两弹结合”试验。

——1970年4月，牵头组织实施了中国第一颗人造地球卫星发射任务。

——1971年3月，组织完成“实践一号”卫星发射试验，首次获得中国空间环境探测数据，为中国研制应用卫星、通信卫星积累了经验。

——1972年至1976年，领导设计制造了中国第一艘核动力潜艇。

——1972年至1976年，指挥成功发射了中国第一颗返回式卫星。

——1980年5月、1982年10月、1984年4月，参与组织领导了中国洲际导弹第一次全程飞行、潜艇水下发射导弹和地球静止轨道试验通信卫星发射任务。

在结束这本《钱学森传》的时候，我不由得记起他出自肺腑的话：

我本人只是沧海之一粟，渺小得很。真正伟大的是中国人民，是中国共产党，是中华人民共和国！

一切成就归于党，归于集体，我本人只是恰逢其时，做了该做的工作。仅此而已。

我作为一名中国的科技工作者，活着的目的就是为人民服务。如果人民最后对我的一生所做的各种工作表示满意的话，那才是最高的奖赏。

附录

钱学森年表

◆ **1911年**

12月11日（阴历辛亥年十月廿一）生于上海。钱学森出生之后随父母回到杭州。父亲钱均夫（1882～1969）曾留学日本。母亲章兰娟，杭州富商之女。

◆ **1914年　3岁**

父亲钱均夫到北京民国政府教育部任职，迁居北京宣武门外。3岁的钱学森随父到北京。

◆ **1917年　6岁**

不满6岁的钱学森入国立北京女子高等师范学校附属小学校（今北京市第二实验小学）。

◆　**1920年　9岁**

转校到国立北京高等师范学校附属小学校（今北京市第一实验小学）。

◆　**1922年　11岁**

北京高等师范学校改为北京师范大学。

◆　**1923年　12岁**

7月，钱学森从国立北京师范大学附属小学校毕业。

9月入国立北京师范大学附属中学校（今北京师范大学附属中学）。

◆　**1929年　18岁**

国立北京师范大学附属中学校毕业。秋，入国立交通大学机械工程学院，攻读铁道机械工程。

◆　**1930年　19岁**

暑假回杭州，染伤寒，休学一年。

◆　**1934年　23岁**

毕业于国立交通大学机械工程学院铁道门。

8月，赴南京中央大学参加清华大学庚款留美公费生考试。

10月，考取清华大学"航空机架"专业庚款留美公费生。在清华大学导师空气动力学教授王士倬指导下到南京的航空工厂、南昌的航空学院，进行为期一年的实地考察和进修。

◆　**1935年　24岁**

8月，从上海乘坐"杰克逊总统号"邮轮横渡太平洋，前往美国，入麻省理工学院航空系学习。

◆ **1936年 25岁**

获麻省理工学院航空工程硕士学位。10月转入加州理工学院航空系，开始了与冯·卡门教授先是师生后是亲密合作者的情谊。

◆ **1937年 26岁**

秋，钱学森参加研究火箭的技术小组，担当理论设计师的角色。

◆ **1938年 27岁**

钱学森和冯·卡门合作，发表重要论文《可压缩流体的边界层》《倾斜旋转体的超音速流》。

◆ **1939年 28岁**

6月完成《高速气动力学问题的研究》等4篇博士论文，获美国加州理工学院航空、数学博士学位。重要论文《可压缩流体的二维亚音速流》阐明压力修正公式，后被学界称为“卡门-钱近似”公式。

◆ **1941年 30岁**

与冯·卡门共同撰写了《薄柱壳在轴压下的翘曲》，发表在《航空科学杂志》第八卷。

◆ **1942年 31岁**

被聘为由冯·卡门任总经理的“航空喷气公司”顾问。

发表论文《风洞的汇聚风斗之设计》。

经冯·卡门的推荐、经过美国宪兵总司令部人事安全主管巴陀上校的安全审核，于该年12月1日获得安全许可证。

被聘为加州理工学院火箭和喷气技术训练班教员，为美军培养火箭导弹军官。

◆ **1943年　32岁**

任加州理工学院喷气推进实验室喷气研究组组长。任加州理工学院助理教授。

与火箭专家马林纳合作，完成《远程火箭的评论与初步分析》的研究报告。

与冯·卡门一起撰写了《关于远程火箭抛射体可能性的综述》。

◆ **1944年　33岁**

冯·卡门、钱学森与马林纳共同撰写的《关于喷气推进系统应用于导弹和跨声速飞机的比较研究的综述》，发表在同年的《喷气推进实验室报告》上。

12月1日美国国防部科学咨询团正式成立，冯·卡门任团长。冯·卡门推荐钱学森到华盛顿参加他领导的美国国防部科学咨询团。钱学森辞去在加州理工学院担任的各项职务，到华盛顿参加国防部科学咨询团。

◆ **1945年　34岁**

冯·卡门与钱学森合作，完成论文《非均匀流体机翼的升力线理论》，发表于《应用力学》季刊第三卷。

4月，美国国防部派遣以冯·卡门为首、团员包括钱学森在内的科学咨询团，飞往德国，审讯德国火箭科学家，考察V-2火箭。钱学森参与审讯德国火箭科学家冯·布劳恩、鲁道夫·赫曼。冯·布劳恩应钱学森的要求，写出书面报告《德国液态火箭研究与展望》。钱学森还考察德军绝密的戈林空气动力学研究所，撰写多份报告。访问了法国和英国。

冬，任加州理工学院副教授。

◆ **1946年　35岁**

发表论文《超等空气动力学》《稀薄气体力学》，主编《喷气推进的新天地》论文集。

冯·卡门教授因与加州理工学院当局产生分歧而辞职，转往麻省理工学院任教。作为冯·卡门的学生，钱学森也于暑期离开加州理工学院，跟随冯·卡门回到麻省理工学院，任麻省理工学院航空系副教授。

◆ **1947年　36岁**

2月，经冯·卡门推荐，成为麻省理工学院的正教授，而且成为该校最年轻的终身教授。

7月，趁学校放暑假，向麻省理工学院请假，回国探亲。在回国期间，国民党政府教育部派人与钱学森洽谈出任国立交通大学校长事宜，未果。

9月17日，钱学森和比他小八岁的蒋英在上海沙逊大厦举行婚礼。

9月26日，乘飞机离开上海，前往美国波士顿麻省理工学院。一个多月后，蒋英也来到美国波士顿。

◆ 1949年 38岁

初夏，钱学森和冯·卡门一起返回加州理工学院，钱学森出任该院喷气推进中心主任，同时担任航空系教授，继续兼任“航空喷气公司”的顾问。

◆ 1950年 39岁

6月6日，遭到美国联邦调查局两名探员的审问，宣称有足够的证据表明，钱学森是美国共产党党员，从此钱学森开始了漫长的五年的磨难和抗争。

9月7日，美国移民归化局的探员们来到了位于洛杉矶帕萨迪纳的钱学森住宅，将钱学森拘留。

中国科学院院长郭沫若、中华全国自然科学专门学会联合会主席李四光等许多中国科学家发表声明，抗议美国当局非法拘捕钱学森。

在加州理工学院院长杜布里奇和从欧洲赶回的冯·卡门的努力之下，9月22日，钱学森获释，结束了15天的监牢之灾。但是，钱学森仍处于软禁之中。

◆ 1951年 40岁

4月26日，美国洛杉矶帕萨迪纳移民局通知钱学森，他的案件经过审理，认定他“曾经是美国共产党员的外国人”。依据美国国家安全条例的规定，凡是企图颠覆美国政府的外国人，必须驱逐出境。因此，帕萨迪纳移民局决定驱逐钱学森。但是，移民局马上受到来自华盛顿的干涉，要求暂缓执行对钱学森“驱逐出境”的决定。于是，对钱学森“驱逐出境”的裁定，就一直被拖着。钱学森处于无限期的软禁之中。

◆　**1954年　43岁**

署名“Tsien，H. S”（钱学森）的*Engineering Cybernetics*，即《工程控制论》，由美国McGraw Hill出版社出版。该书俄文版、德文版、中文版分别于1956年、1957年、1958年出版。1980年《工程控制论》（修订版）出版。

◆　**1955年　44岁**

6月15日，钱学森写好给中国人大常委会副委员长陈叔通先生的求助信，夹在蒋英寄往旅居比利时妹妹蒋华的信中，从比利时转往中国。陈叔通迅即通过相关渠道把信交给周恩来总理。

8月2日，第二次中美大使级会谈在日内瓦举行。根据周恩来总理的指示，中方代表王炳南在会谈时出示钱学森致陈叔通的信。美方代表无言以对，表示马上向美国政府转达。

8月5日，美国司法部移民归化局通知钱学森，允许他离开美国。

9月17日，钱学森一家乘“克利夫兰总统号”邮轮从洛杉矶离开美国。

10月8日上午，邮轮“克利夫兰总统号”抵达香港。中午钱学森抵达深圳，晚上到达广州。

10月12日，钱学森一家抵达上海，与父亲团聚。

10月28日，钱学森一家乘火车抵达北京。中国科学院副院长吴有训和首都著名科学家华罗庚、周培源、钱伟长、赵忠尧等二十多人在火车站热烈欢迎钱学森一家。

11月5日，国务院副总理陈毅接见钱学森，代表中央人民政府欢迎钱学森归来。

11月25日，钱学森访问哈尔滨的中国人民解放军军事工程学院，院长陈赓大将专程从北京飞来，与钱学森商谈研制导弹事宜。

12月26日，国防部长彭德怀元帅在陈赓大将的陪同下，会见钱学森，商谈研制导弹事宜。

◆ **1956年 45岁**

1月6日，中国科学院力学研究所筹备组召开了全所人员大会。会上，钱学森作了题为“关于力学研究方法”的讲话。

1月16日，陈毅副总理亲笔签署批复了中国科学院《关于成立力学研究所的报告》。随后，中国科学院发文，任命钱学森为力学研究所所长，钱伟长任力学研究所副所长。

1月，在陈赓大将的安排下，钱学森在北京给在京的军事干部作报告:《关于导弹武器知识的概述》，连讲三场。

1月30日至2月7日，中国人民政治协商会议第二届全国委员会第二次全体会议在北京召开。钱学森成为新增全国政协委员。

2月1日，毛泽东举行盛大宴会，宴请全国政协委员。毛泽东请钱学森坐在他的身边。

2月17日，按照周恩来总理的意见，钱学森向国务院递交《建立我国国防航空工业的意见书》——当时为保密起见，用“国防航空工业”这个词来代表火箭、导弹。钱学森就发展中国的导弹事业从领导、科研、设计、生产等方面提出了建议。

5月，在毛泽东主持讨论《1956年至1967年全国农业发展纲要草案》的最高国务会议上，毛泽东第二次接见钱学森。

6月，应苏联科学院邀请访问苏联。

10月8日，钱学森任院长的国防部第五研究院成立。

◆ 1957年 46岁

所著《工程控制论》荣获中国科学院1956年度科学奖金（自然科学部分）一等奖。

2月18日，国务院总理周恩来签署任命书，任命钱学森为国防部第五研究院院长，后兼任该院一分院（今中国运载火箭技术研究院）院长。

当选为中国力学学会第一届理事会理事长。1982年当选为中国力学学会名誉理事长。

9月7日起作为中国政府工业代表团成员，考察了苏联的导弹基地，与苏联的导弹专家进行了交流，访苏一个多月。

在中国科学院第二次学部委员（院士）大会上，被增聘为中国科学院学部委员（院士）。

在法国巴黎召开的国际自动控制联合会成立大会上，当选为该会第一届理事会常务理事。

◆ 1958年 47岁

年初，向组织郑重提出入党要求。

参与创建中国科学技术大学，任近代力学系主任。

8月，主持起草了一份给党中央的报告，说明发射人造地球卫星对于推动尖端科技发展的重要意义。

10月27日，毛泽东参观中国科学院科学成果展览会，并第三次接见钱学森。

◆ 1959年 48岁

1月5日，中国科学院党委通知力学所党总支：钱学森“已被接收为中国共产党预备党员，预备期一年，自1958年10月16日至1959年10月16日”。

当选第二届全国人民代表大会代表，后来相继当选为第三、四、五届全国人民代表大会代表。

11月12日，力学所所办支部大会一致通过钱学森转正。从此，钱学森成为中国共产党的正式党员。

◆ 1960年 49岁

3月，改任国防部第五研究院副院长，并不再兼任该院一分院院长。

9月，中国第一枚“1059”仿制的近程地对地弹道导弹在钱学森领导下总装圆满完成。

11月5日，“1059”导弹发射成功。

◆ 1961年 50岁

当选为中国自动化学会第一届理事会理事长。

领导研制中国自行设计和制造的“东风二号”中近程地对地导弹。

◆ 1962年 51岁

3月21日，“东风二号”导弹首次发射失败。钱学森负责调查、总结工作。开始研制经过改进的“东风二号”中近程地对地导弹。

《物理力学讲义》出版。

◆ **1963年 52岁**

《星际航行概论》出版。

9月，改进后的“东风二号”中近程地对地导弹完工。这项工程包括二十二个系统，经严格验收，全部合格。

◆ **1964年 53岁**

2月6日，毛泽东在中南海寓所接见钱学森、李四光和竺可桢。

6月29日，中国自行设计的第一枚中近程地对地导弹“东风二号”在钱学森的领导下，终于发射成功。

12月26日，毛泽东71岁生日，钱学森与邢燕子、董加耕、陈永贵等应邀到人民大会堂出席毛泽东生日宴会。

◆ **1965年 54岁**

1月4日，第七机械工业部成立，任副部长。

1月8日，向国务院提出报告，建议早日制订中国人造地球卫星研制计划并列入国家任务。

3月20日，中央专委会议批准的第七机械工业部“八年四弹”规划。所谓“八年四弹”，就是在1965年至1972年的八年时间里，研制成功用于“两弹结合”的增程的中近程液体弹道导弹、中程、中远程、远程液体弹道导弹。

4月29日，国防科委向中央专门委员会提出了在1970年或1971年发射我国重量为100公斤左右的第一颗人造地球卫星的设想。这是国防科委副主任张爱萍将军邀请张劲夫、钱学森、孙俊人及国家科委、国防工办专业局的负责同志和专家进行研究之后提出的报告。

担任中国第一枚核导弹研制的领导工作。

◆　1966年　55岁

10月27日9时，“东风二号”核导弹点火升空，9分14秒后核弹头在距发射场894公里之外的罗布泊弹着区靶心上空569米的高度爆炸，试射取得圆满成功。

12月，中程导弹“东风三号”发射成功。

《气体动力学诸方程》出版。

◆　1967年　56岁

8月成立了空间技术研究院筹备处，对外称国防科委651筹备处，由钱学森担任筹备处负责人。

11月，国防科委批准了由钱学森代表651筹备处提出的编制方案，确定了研究院的任务以及各组成单位的方向、任务、分工等。

◆　1968年　57岁

1月8日，以钱学森为负责人的651筹备处首次召开“中国第一艘载人飞船总体方案设想论证会”，对“曙光一号”飞船方案进行论证。

2月20日，经毛泽东主席、国务院、中央军委批准，解放军第五研究院（今中国空间技术研究院）正式成立，任命钱学森为首任院长，全面负责人造地球卫星的研制以及空间科学研究工作。

中远程导弹“东风四号”发射成功。钱学森认为，可以在

“东风”型系列导弹的研制经验上，制造人造地球卫星运载火箭。

◆ 1969年 58岁

当选为中国共产党第九次全国代表大会代表和第九届中央委员会候补委员。此后相继当选为第十、十一、十二、十三、十四、十五次全国代表大会代表，第十、十一、十二届中央委员会候补委员。中国共产党第十六次、第十七次全国代表大会特邀代表。

8月23日，父亲钱均夫病逝于北京，终年87岁。

◆ 1970年 59岁

1月30日，作为卫星的运载火箭的第一枚“长征一号”火箭试射成功。

3月21日，中国的第一颗人造地球卫星——“东方红一号”完成总装任务。

3月，研制“返回式遥感卫星”列为国家重点项目。

4月24日，中国第一颗人造地球卫星发射成功。

5月1日，国际劳动节晚上，毛泽东主席、周恩来总理在天安门城楼上接见了钱学森、任新民、戚发轫等参加第一颗卫星工程研制的代表。

6月，钱学森调到国防科学技术委员会担任副主任。

7月14日，毛泽东主席圈阅了钱学森主持起草的中国发展载人飞船的报告，报告提出第一艘飞船计划于1973年年底发射升空，叫“714工程”。

11月9日国防科委和第七机械工业部在北京京西宾馆为落实“714工程”，联合召开“曙光一号”飞船方案论证会。在钱学森主持下，二百多名专家出席会议。

◆　**1971年　60岁**

3月3日，“长征一号”火箭把“实践一号”科学探测试验卫星成功送上太空。

4月，来自全国80多个单位的400多名专家学者云集北京京西宾馆，空间技术研究院院长钱学森主持讨论，主题是“714工程”。

5月15日，空军“宇航员训练筹备组”正式成立。

9月13日，爆发了林彪摔死在蒙古温都尔汗的“9·13”事件，空军司令员吴法宪是林彪集团重要成员，空军也就成为“批林运动”的重点。“714工程”叫停。

◆　**1973年　62岁**

“返回式遥感卫星”进入研制阶段。

◆　**1974年　63岁**

8月1日，中央军委发布命令，将中国自行设计制造的第一艘核动力潜艇命名为“长征一号”，编入海军战斗序列。同日，中央军委为这艘潜艇举行了庄严的军旗授予仪式。海军司令员萧劲光、国防科委副主任钱学森等参加了潜艇的交接命名大会。从此，人民海军进入了拥有核潜艇的新阶段。这艘核潜艇是1970年12月26日建成下水的。

同年底，在四届人大召开前夕，周恩来总理抱病从北京飞到湖南长沙，向病中的毛泽东主席请示工作。周恩来递交了四届人大代表名单。毛泽东说：“不看了。但是我想起两个人，一个是钱学森，一个是侯宝林，请你查查人大代表里有没有，如果没有，就把他们补上。”周恩来一查，钱学森在人大代表名单之中。

◆ 1975年 64岁

11月26日，中国用“长征二号”火箭发射了首颗返回式遥感卫星，卫星准确进入预定轨道，五天后成功地返回，中国成为世界上第三个掌握卫星返回技术的国家。

开始研制第一颗“地球静止轨道试验性通信卫星”，即同步卫星。

◆ 1976年 65岁

1月8日，周恩来总理病逝。钱学森说：“许多党外人士说，我们是认识周恩来才认识中国的，相信周恩来才相信中国的。”

◆ 1977年 66岁

6月29日，钱学森约访周培源，就“文革”期间被迫中断活动的中国科协及学会如何恢复活动交换意见。

◆ 1978年 67岁

3月，出席全国科学大会。

9月27日，《文汇报》在第一版右方头条地位刊出钱学森、许国志、王寿云的《组织管理的技术——系统工程》。

◆ 1979年 68岁

当选为中国宇航学会名誉理事长。

◆ 1980年 69岁

当选为中国科学技术协会第二届全国委员会副主席。此后，1986年当选为中国科学技术协会第三届全国委员会主席；1991年在中国科学技术协会第四届全国委员会第一次全体会议上，被授予中国科学技术协会名誉主席称号。

当选为中国空气动力学研究会（1989年更名为中国空气动力学会）名誉理事长。

当选为中国系统工程学会名誉理事长。

◆ **1982年 71岁**

任国防科学技术工业委员会科学技术委员会副主任。

《论系统工程》出版，1988年《论系统工程》（增订版）出版。

◆ **1983年 72岁**

提出建立园林学。

提出建立地球表层学与数量地理学。

3月14日，在航天医学工程研究所（即507所）作“关于科学道德”的报告。从那时起，在航天医学工程研究所作报告、发言100多次，谈人体科学研究。

◆ **1984年 73岁**

在中国科学院第五次学部委员（院士）大会上，被增选为中国科学院主席团执行主席。

◆ **1986年 75岁**

在政协第六届全国委员会第四次全体会议上，被增选为政协第六届全国委员会副主席，并相继当选为政协第七、第八届全国委员会副主席。1988年兼任政协第七届全国委员会科学技术委员会主任。

作为第一获奖人和屠守锷、姚桐斌、郝复俭、梁思礼、庄逢甘、李绪鄂等获（1985年度）国家科技进步奖特等奖。

《关于思维科学》出版。

◆ 1987年 76岁

《社会主义现代化建设的科学和系统工程》出版。

◆ 1988年 77岁

被聘为国防科学技术工业委员会科学技术委员会高级顾问。

《论人体科学》出版。

◆ 1989年 78岁

获国际技术与技术交流大会和国际理工研究所授予的“W. F. 小罗克韦尔奖章”，“世界级科学与工程名人”和“国际理工研究所名誉成员”称号。

《创建人体科学》出版。

◆ 1990年 79岁

在《自然》杂志第13卷第1期发表钱学森、于景元、戴汝为的《一个科学新领域——开放的复杂巨系统及其方法论》。

◆ 1991年 80岁

10月16日，获国务院、中央军委授予的“国家杰出贡献科学家”荣誉称号和中央军委授予的一级英雄模范奖章。

《钱学森文集》（1938～1956）出版。

◆ 1992年 81岁

在中国科学院第六次学部委员（院士）大会上，被聘请为中国科学院学部主席团名誉主席。

◆ 1994年 83岁

在中国工程院第一次院士大会上，被选聘为中国工程院院士。

《论地理科学》出版。

《城市学与山水城市》出版，1996年《城市学与山水城市》（第二版）出版。1999年，作为上述两书的续集《山水城市与建筑科学》出版。

《科学的艺术与艺术的科学》出版。

◆　**1995年　84岁**

获何梁何利基金颁发的首届（1994年度）“何梁何利基金优秀奖”（后改称“何梁何利基金科学与技术成就奖”）。

◆　**1996年　85岁**

4月，在交通大学百年校庆之际，由江泽民总书记题写馆名，第一次以中国大陆境内健在科学家的名字命名的图书馆——钱学森图书馆在西安交通大学隆重举行命名仪式。该图书馆坐落在西安交通大学的四大发明广场。

《人体科学与现代科技发展纵横观》出版。

◆　**1998年　87岁**

被聘为解放军总装备部科学技术委员会高级顾问。

在中国科学院第九次院士大会和中国工程院第四次院士大会上，被授予“中国科学院资深院士”、“中国工程院资深院士”称号。

《论人体科学与现代科技》出版。

◆　**1999年　88岁**

获中共中央、国务院、中央军委颁发的“两弹一星功勋奖章”。

◆ **2000年 89岁**

《钱学森手稿》(1938～1955)出版。

◆ **2001年 90岁**

《论宏观建筑与微观建筑》出版。

《第六次产业革命通信集》出版。

《创建系统学》出版。

《钱学森手稿》荣获第五届国家图书荣誉奖。

12月7日，获霍英东奖金委员会颁发的第二届“霍英东杰出奖”(中国地区)。

12月9日，专程从美国赶来的老朋友弗兰克·马勃教授，受加州理工学院院长D. 巴尔的摩的委托颁发该校1979年就授予钱老的“杰出校友奖”。

12月21日，由中国科学技术协会、中国科学院、中国工程院联合举办“钱学森星”命名仪式。经国际小行星中心和国际小行星命名委员会审议批准，将中国科学院紫金山天文台发现的国际编号为3763号小行星，正式命名为“钱学森星”。

◆ **2002年 91岁**

杭州市园林文物保护局和杭州市上城区政府着手修缮方谷园2号钱学森旧居。

内蒙古沙产业草产业协会成立时，欣然接受协会“名誉顾问”的头衔。这是钱学森晚年接受的两个仅有的社会职务之一，可见他对于沙产业、草产业的关注之情。

◆ **2003年 92岁**

10月16日，亲笔写下："热烈祝贺神舟五号发射成功。向新一代航天人致敬!"

◆ **2005年 94岁**

《智慧的钥匙》出版。

10月，各方隆重纪念钱学森归国50周年。

◆ **2006年 95岁**

《"导弹概论"手稿》出版。2009年《"导弹概论"手稿》（第二版）出版。

◆ **2007年 96岁**

《钱学森系统科学思想文库》（四卷本）出版。

《"水动力学讲义"手稿》出版。

《集大成 得智慧》出版。

《物理力学讲义》（新世纪版）出版。

《钱学森书信》（十卷本）出版。

◆ **2008年 97岁**

被美国《航空周刊与空间技术》评为2007年度人物。

被中央电视台评为"感动中国2007年度人物"。

《钱学森书信》荣获首届"中国出版政府奖"。该奖是中国出版界最高奖项。

《"火箭技术概论"手稿及讲义》（两卷本）出版。

《钱学森书信选》（两卷本）出版。

◆ 2009年 98岁

3月28日，在北京大学百年纪念讲堂举行的第三届“世界因你而美丽——影响世界华人盛典”上获“终身成就最高荣誉大奖”。

《钱学森建筑科学思想探微》出版。

《钱学森论沙产业草产业林产业》出版。

9月10日，经全国“双百”评选活动组委会评审组专家投票等程序，入选“新中国成立以来感动中国人物”100人。

10月31日上午8时6分，因病在北京去世，终年98岁。